Thomas Köhler

Ruhm & Wahnsinn

herausgegeben von Wulf Bertram

Zum Herausgeber von „Wissen & Leben":

Wulf Bertram, Dipl.-Psych. Dr. med., geb. in Soest/Westfalen. Studium der Psychologie und Soziologie in Hamburg. War nach einer Vorlesung über Neurophysiologie von der Hirnforschung so fasziniert, dass er spontan zusätzlich ein Medizinstudium begann. Zunächst Klinischer Psychologe im Univ.-Krankenhaus Hamburg-Eppendorf, nach dem Staatsexamen und der Promotion in Medizin psychiatrischer Assistenzarzt in der Provinz Arezzo/Italien und in Kaufbeuren. 1985 Lektor für medizinische Lehrbücher in einem Münchener Fachverlag, ab 1988 wissenschaftlicher Leiter des Schattauer Verlags, seit 1992 dessen verlegerischer Geschäftsführer. Ist überzeugt, dass Lernen ein Minimum an Spaß machen muss, wenn es effektiv sein soll. Aus dieser Einsicht gründete er 2009 auch die Taschenbuchreihe „Wissen & Leben", in der wissenschaftlich renommierte Autoren anspruchsvolle Themen auf unterhaltsame Weise präsentieren. Bertram hat eine Ausbildung in Gesprächs- und Verhaltenstherapie sowie in Tiefenpsychologischer Psychotherapie und ist neben seiner Verlagstätigkeit als Psychotherapeut und Coach in eigener Praxis tätig.

Thomas Köhler

Ruhm & Wahnsinn

Psychische Störungen bekannter
Persönlichkeiten

Schattauer

Prof. Dr. med. Dr. phil. Dipl.-Psych. Thomas Köhler
Oberstraße 98
20149 Hamburg
E-Mail: thomas.koehler@uni-hamburg.de

 Ihre Meinung zu diesem Werk ist uns wichtig!
Wir freuen uns auf Ihr Feedback unter
www.schattauer.de/feedback oder direkt über QR-Code.

Bibliografische Information der Deutschen Nationalbibliothek
Die Deutsche Nationalbibliothek verzeichnet diese Publikation in der Deutschen Nationalbibliografie; detaillierte bibliografische Daten sind im Internet über http://dnb.d-nb.de abrufbar.

Besonderer Hinweis:
In diesem Buch sind eingetragene Warenzeichen (geschützte Warennamen) nicht besonders kenntlich gemacht. Es kann also aus dem Fehlen eines entsprechenden Hinweises nicht geschlossen werden, dass es sich um einen freien Warennamen handelt.
Das Werk mit allen seinen Teilen ist urheberrechtlich geschützt. Jede Verwertung außerhalb der Bestimmungen des Urheberrechtsgesetzes ist ohne schriftliche Zustimmung des Verlages unzulässig und strafbar. Kein Teil des Werkes darf in irgendeiner Form ohne schriftliche Genehmigung des Verlages reproduziert werden.

© 2017 by Schattauer GmbH, Hölderlinstraße 3, 70174 Stuttgart, Germany
E-Mail: info@schattauer.de
Internet: www.schattauer.de
Printed in Germany

Lektorat: Volker Drüke, Münster
Projektleitung: Dr. Sandra Schmidt
Umschlagabbildung: Virginia Woolf (1902); Ludwig II. von Bayern; Vincent van Gogh, Selbstportrait mit abgeschnittenem Ohr (1889); Friedrich Nietzsche
Satz: am-productions GmbH, Wiesloch
Druck und Einband: CPI – Ebner & Spiegel, Ulm

Auch als eBook erhältlich:
978-3-7945-9105-3 (PDF) / 978-3-7945-9106-0 (ePub)

ISBN 978-3-7945-3270-4

Vorwort

Die Idee zu diesem Buch entwickelte sich im Rahmen von Vorlesungen zur Klinischen Psychologie, die ich seit Jahren an der Helmut-Schmidt-Universität der Bundeswehr Hamburg halte. Dabei ergibt sich stets die Schwierigkeit, die Symptombilder durch Beispiele zu illustrieren. Da – anders als in Vorlesungen der Psychiatrie – die Vorstellung von Patienten hier nicht möglich ist, blieb zunächst nur die Wahl, aus eigener klinischer Erfahrung Fälle anonymisiert zu beschreiben, was den Nachteil hat, dass die Zuhörenden mit der betreffenden Person nichts Sonstiges verbinden könnten. So ergab es sich mehr und mehr, dass ich auf Pathografien bekannter Persönlichkeiten zurückgriff, etwa Geschichten über König Ludwig II. nacherzählte oder vom erschreckend gewaltsamen Suizid Ernest Hemingways berichtete, dem eine längere Krankengeschichte vorausging. Obwohl das geschichtliche Interesse heute zwar allgemein nachgelassen hat, stellte sich das Gefühl ein, somit lebendigere Bezüge herstellen und vielleicht sogar den oder die eine/n oder andere/n HörerIn zum Weiterlesen animieren zu können.

Bei dem Versuch, das diesbezügliche Repertoire langsam zu erweitern, musste ich jedoch feststellen, dass es eine systematische Darstellung zu psychischen Störungen berühmter Personen nicht gibt – oder sie zumindest nicht leicht zu finden ist. Zwar liegt im Schattauer Verlag ein sehr lesenswertes Buch über Krankheiten berühmter Musiker vor (Otte u. Wink 2008), dem sich wertvolle Informationen entnehmen lassen, beispielsweise über die progressive Analyse Robert Schumanns und Friedrich Smetanas. Und bei einigen anderen psychisch Gestörten (z. B. Hemingway und van Gogh) half das verdienstvolle Buch Viele Wege führten in die Ewigkeit von H. Bankl (2005) weiter. Aber auch dort sind zahlreiche Personen nicht behandelt, die unzweifelhaft psychisch außerhalb des Normbereichs lagen.

So reifte der Entschluss, eine eigene Monografie zu verfassen, teils basierend auf den erwähnten Büchern, im Wesentlichen aber auf biografischen Werken. Diese haben allerdings in der Regel den Nachteil, von nicht psychiatrisch geschulten oder klinisch-psychologisch ausgebildeten Personen geschrieben zu sein, sodass psychische Auffälligkeiten der behandelten Berühmtheiten zwar meist erwähnt werden, aber nicht in jener Detailliertheit, die eine einigermaßen sichere psychiatrische Diagnose gestattet. Eine wichtige Ausnahme macht die umfangreiche Literatur zu König Ludwig II. von Bayern, die explizit Argumente für oder gegen die von namhaften zeitgenössischen Gutachtern diagnostizierte Geisteskrankheit des Regenten beizubringen versuchen. Da diese angesichts der oft großen psychiatrischen Kompetenz der Verfasser eingehend gewürdigt werden müssen, wird in diesem Buch das einschlägige Unterkapitel überdimensional ausfallen. Am Ende komme ich hoffentlich zu einer korrekten Einschätzung, welche in jedem Fall frei ist von der Tendenz, eine vorgefasste Meinung um jeden Preis den Auftraggebern bzw. der Öffentlichkeit als unumstößlich hinzustellen (wie beispielsweise seinerzeit Bernhard von Gudden auf der einen Seite, heute z. B. Häfner auf der anderen).

Für viele Personen ist es unvorstellbar, wie man sich überhaupt die Mühe antun kann, ein Buch zu verfassen. Ich habe immer Spaß dabei gehabt, in diesem Fall ganz besonders großen. Da es sich nicht explizit an ein wissenschaftliches Publikum wendet, ließ sich sehr viel leichtfüßiger vorgehen, musste nicht jede Feststellung mit einer Unzahl von Belegen abgesichert werden, sondern nur dann, wenn es sich um sehr kontroverse Aussagen handelte, wörtlich zitiert wurde oder wenn sich die Darstellung in besonderem Maße auf die Vorarbeiten anderer Autoren stützte. Mir hat die Niederschrift auch viel Wissen außerhalb meines eigenen Fachgebiets verschafft, und dies hat sich auch hoffentlich dem Werk mitgeteilt: Es soll eine Mischung aus Psychopathologie, Kunstgeschichte und politischer Geschichte sein, und nicht zuletzt: auch ein wenig Klatsch.

Für wertvolle Anregungen danke ich meiner langjährigen Mitarbeiterin B. Schumpe, für die gewissenhafte Literaturbeschaffung Frau L. Sönnichsen, für wichtige musikhistorische Hinweise meinem alten Freund Walter Kendl. Sehr verbunden bin ich auch Herrn Wulf Bertram vom Schattauer Verlag für die angenehme Zusammenarbeit, die ohnehin schon einige Jahrzehnte andauert, sich im Rahmen dieses Projektes aber wieder besonders bewährt hat. Herr Volker Drüke hat hervorragende Arbeit bei der Lektorierung geleistet, wofür ich ihm sehr verbunden bin. Außerdem danke ich Frau Sandra Schmidt, die die Gestaltung dieses Buchprojektes in hervorragender Weise geleitet hat. Ausdrücklicher Dank gilt meiner Frau Carmen, die dieser Abfassung nicht nur mit ihrem üblichen (spöttisch-) wohlwollenden Interesse gegenüberstand, sondern wesentliche Quellen ausfindig gemacht hat und mir bei der Formulierung eine große Hilfe war.

Hamburg, im Sommer 2017   Thomas Köhler

Inhalt

1 Einleitung 1

2 Organisch bedingte psychische Störungen 5
2.1 Einführung 5
2.2 Geistesschwäche 7
2.3 Demenzen 17
2.4 Die progressive Paralyse und ihre (mutmaßlichen) Opfer .. 31

3 Schizophrenie und verwandte Störungen 73
3.1 Einführung 73
3.2 Allgemeines zur Schizophrenie und zu ihrer Einordnung ... 75
3.3 Symptomatik, Diagnostik, Unterformen 77
3.4 Erstmanifestationsalter und Verlauf 82
3.5 Familiäre Häufung und Vererbung 83
3.6 Ursachen und Entstehungsmechanismen 84
3.7 Schizotypie und andere Schizophreniespektrumsstörungen 85
3.8 Schizoaffektive Störungen 87
3.9 Bekannte Personen mit Verdacht auf Schizophrenie 88

4 Affektive Störungen 145
4.1 Allgemeines 145
4.2 Depression, Manie und bipolare Störungen 146
4.3 Erstmanifestationsalter und Epidemiologie 149
4.4 Familiäre Häufung und Vererbung 150
4.5 Ursachen 150
4.6 Berühmte Persönlichkeiten mit mutmaßlich affektiven Störungen 151

Glossar 193

Sachverzeichnis 197

Personen

Ludwig van Beethoven (1770–1827) 68
Gaetano Donizetti (1797–1848) 62
Ferdinand I., Kaiser von Österreich (1793–1875) 11
King George III. of Britain (1738–1820) 27
Vincent van Gogh (1853–1890) 141
Ernest Hemingway (1899–1961) 179
Friedrich Hölderlin (1770–1843) 94
Ulrich von Hutten (1488–1523) 66
Johanna die Wahnsinnige (1479–1555) 88
Ludwig II. von Bayern (1845–1886) 105
Guy de Maupassant (1850–1893) 63
Wolfgang Amadeus Mozart (1756–1791) 66
Friedrich Nietzsche (1844–1900) 52
Otto von Bayern (1848–1916) 99
Niccolò Paganini (1782–1840) 70
Ronald Reagan (1911–2004) 23
Erzherzog Rudolf, Kronprinz von Österreich-Ungarn
(1858–1889) 151
Franz Schubert (1797–1828) 36
Robert Schumann (1810–1856) 40
Friedrich Smetana (1824–1884) 45
Margaret Thatcher (1925–2013) 25
Wilhelm II., Deutscher Kaiser (1859–1941) 161
Hugo Wolf (1860–1903) 64
Virginia Woolf (1882–1941) 170

1 Einleitung

Die Illustration prototypischen abnormen Verhaltens gelingt dann besonders leicht, wenn man auf Patienten verweisen kann, welche dieses deutlich erkennen lassen, und hier bieten sich natürlich allgemein bekannte Personen an. So war der schleichend beginnende geistige Verfall von Ronald Reagan, welcher sich bereits offenbar in den letzten Monaten oder gar Jahren seiner zweiten Präsidentschaft zeigte und etwa ein Jahrzehnt später in grotesken Ausfällen manifest wurde, ein eindrucksvoller Verlauf einer Demenz vom Alzheimer-Typus, und die genauere Betrachtung dieser exemplarischen Krankengeschichte führt uns wahrscheinlich näher an den »Alzheimer« als die Aufzählung von Symptomen und zugehörigen Kategorien. Um einen nicht seltenen Verlauf der Syphilis mit dem Endstadium progressive Paralyse zu illustrieren, eignet sich wohl niemand besser als Friedrich Nietzsche. Und das Auf und Ab der Stimmung Ernest Hemingways zeigt eindrucksvoll, was es heißt, an einer bipolaren Störung zu leiden. Die Krankheit Ludwigs II. – mit ziemlicher Sicherheit eine Schizophrenie (oder zumindest deren Vorstufe, eine Schizotypie) – bringt dieses interessante Störungsbild in exemplarischer Weise näher. Ungemein lehrreich ist es gerade in diesem Fall, die kontroversen Ansichten zu diskutieren und dabei vor Augen geführt bekommen, dass die Psychiatrie, welche weit mehr als andere medizinische Disziplinen ihre Diagnose auf die Bewertung von Symptomen stützen muss, noch längst nicht jene Treffsicherheit aufweist, welche man sich wünschen würde.

Bei der Auswahl wurde bewusst das Gewicht auf schwere und unumstrittene Störungen gelegt; die teilweise etwas vage definierten Symptombilder, wie sie im Subkapitel F4 des ICD-10 (International Classification of Diseases der

WHO) aufgeführt werden (»Neurotische, Belastungs- und somatoforme Störungen«), sind hier ebenso wenig Gegenstand der Betrachtung wie die »Persönlichkeitsstörungen«, deren Präzisierung sicher noch eine beträchtliche Weile dauern wird.[1]

Da die Persönlichkeitsstörungen, bei denen die Grenzen zum noch »normalen« Verhalten verschwimmen, nicht zur Sprache kommen, wird man nach Pathografien von Iwan dem Schrecklichen, Hitler oder Stalin hier vergebens suchen. Es ist eben eine traurige Wahrheit, dass menschliche Schlechtigkeit nicht nur im Rahmen psychiatrisch manifester Erkrankungen auftritt.

Die Kapitel sind prinzipiell immer gleich aufgebaut: zunächst eine »Einstimmung« in das Störungsbild (bzw. die in diesen Kapiteln subsumierten Störungsbilder) anhand ausschnitthafter Falldarstellungen, dann eine präzisere Schilderung, und zwar so detailliert, dass man die gestellten Diagnosen nachvollziehen oder auch ablehnen kann. Anschließend werden Personen beschrieben, die mit gewisser Wahrscheinlichkeit an der genannten Störung litten, wobei der eigentlichen Krankengeschichte eine mehr oder weniger kurze Einführung in Leben und Werk der Betroffenen vorangeht. Dass diese bei Politikern knapper ausfällt als bei Künstlern, resultiert aus der Überlegung, dass beispielsweise mit Ronald Reagan und Maggie Thatcher in einigen Jah-

---

[1] Nicht uninteressant wäre es, zu überprüfen, ob die eine oder andere Persönlichkeit als Kind und sogar noch als Erwachsener die Kriterien von ADHS (Aufmerksamkeits-Hyperaktivitäts-Syndrom) erfüllt hätte oder an einer »tiefgreifenden Entwicklungsstörung« wie dem Kanner'schen Autismus-Syndrom oder dem Asperger-Syndrom litt. Allerdings sind die zeitgenössischen Beschreibungen in der Regel zu unbestimmt, um eine solche diagnostische Einordnung zu begründen.

ren nur wenige mehr etwas verbinden können, während Schuberts Musik fast 200 Jahre nach seinem Tode noch immer gespielt wird. Anhand des Krankheitsbildes (Störungsbildes) erfolgt dann eine Diagnose, die stets mit mehr oder weniger großer Unsicherheit behaftet ist. Daher werden – sofern in seriösen Publikationsorganen vorgebracht – auch andere diagnostische Einschätzungen zum gleichen Fall referiert, und es wird der Versuch unternommen, ihre Stichhaltigkeit zu überprüfen.

Für einen Autor ist gerade dieses Abwägen verschiedener Ansichten das Reizvolle an der selbst gestellten Aufgabe. Es gibt aber auch Fälle, bei denen das offenbar anders gesehen wird. So ist es immer wieder erstaunlich, mit welcher Hartnäckigkeit manche Autoren versuchen, ihre eigenen neuen Diagnosen zu untermauern – sehr publikumswirksam, aber entgegen aller empirischen Evidenz. Alle Symptome und auch die Anamnese (die Vorgeschichte der Erkrankung) sprechen beispielsweise dafür, dass Schumann und Nietzsche an progressiver Paralyse litten, einer Spätform der Syphilis, und doch werden immer wieder alternative, teils abstruse nosologische Einordnungen konstruiert.

Die Auswahl der dargestellten Personen unterliegt natürlich gewisser Willkür und ist extrem zeitgebunden. Der Name Herbert Wehner, bekannter SPD-Politiker vor gut einem Vierteljahrhundert, sagt heute nur noch wenigen etwas, und es wäre wenig sinnvoll, detailliert den Verlauf seiner (sehr wahrscheinlich vaskulär bedingten) Demenz zu beschreiben. Der 1903 verstorbene Liedkomponist Hugo Wolf ist inzwischen nahezu unbekannt, und seine schwere progressive Paralyse, in welcher er in jeder Hinsicht bemerkenswerte Briefe verfasste – die nicht zuletzt Thomas Mann bei Abfassung seines Romans *Doktor Faustus* inspirierten –, lohnt mittlerweile gerade noch der knappen Erwähnung. Rechtliche Überlegungen lassen es wenig ratsam erscheinen, bei noch Lebenden psychiatrische Diagnosen zu stellen – obwohl diese sich oft regelrecht anbieten und sicher spätestens posthum geschehen werden. Nicht einmal kürzlich verstorbene Personen sollen hier zur Betrachtung kommen, sofern nicht umfangreiche Literatur dazu vorliegt, auf die man sich risikolos berufen kann; insofern sind Ronald Reagan und Maggie Thatcher die »jüngsten Toten«, auf die Bezug genommen wird. Umgekehrt dürfen nicht Jahrhunderte vergangen sein, seit die betrachteten Personen verstorben sind; unvermeidlich tendenziöse und nachträglich mehrfach umgestaltete Biografien römischer Cäsaren und mittelalterlicher Herrscher eignen sich nicht als Grundlage medizinisch-psychiatrischer Diagnostik.

Das Buch kommt nicht ohne detailliertere Beschreibung einiger medizinischer Sachverhalte aus. Um es trotzdem gut lesbar zu machen, sind diese allerdings nicht immer im Text wiedergegeben, sondern im Glossar, das nur jene studieren mögen, die tiefer in die Materie eindringen wollen.

2 Organisch bedingte psychische Störungen

2.1 Einführung

Dieses Kapitel behandelt Formen von psychischer Symptomatik, welche eindeutig ihren Ursprung in hirnorganischen Veränderungen haben.

An erster Stelle sind hier die schweren Varianten von Geistesschwäche zu nennen (früher despektierlich als Schwachsinn, heute wertneutraler als Intelligenzminderung bezeichnet), eine schon seit Geburt vorhandene oder früh erworbene Minderung intellektueller Fähigkeiten. Diese wird uns wenig beschäftigen, denn üblicherweise führen solche Einschränkungen nicht zu großer Bekanntheit. Dennoch lassen sich illustrative Kasuistiken anführen:

Ferdinand, ältester Sohn von Franz II., dem letzten Kaiser des Heiligen Römischen Reiches Deutscher Nation, fiel bereits in früher Kindheit durch sein Lieblingsspiel auf, sich einen Papierkorb über den Kopf zu stülpen und stundenlang damit durchs Zimmer zu rollen. Als er endlich zum (österreichischen) Kaiser gekrönt war, führte de facto Fürst Metternich die Regierungsgeschäfte, während Ferdinand I. mit Inbrunst die Passanten beobachtete und die Kutschen zählte, welche in die Wiener Hofburg ein- und ausfuhren – bis er schließlich zugunsten seines Neffen Franz Joseph abdankte. Überhaupt findet man im Hause Habsburg – Folge der langen Familiengeschichte und der aus heiratspolitischen Gründen billigend in Kauf genommenen Inzucht – auffällig viele Fälle von Geistesschwäche, welche zwar nicht politisch in Erscheinung traten, aber der Gesichtsschreibung nicht verborgen bleiben konnten.

Psychiatrisch interessanter und überzeugender mit Beispielen zu unterlegen sind die Demenzen, bei denen intellektuell oft hoch stehende Personen ihre geistigen Fähigkeiten zuweilen in erschreckendem Ausmaß verlieren. Besonders eindrucksvoll lässt sich dies an der ehemaligen britischen Premierministerin Maggie Thatcher zeigen, deren Erfassung komplizierter Zusammenhänge und deren hervorragendes Detailgedächtnis geradezu berühmt waren, die aber einige Jahre nach dem Rückzug aus der Politik zum Entsetzen ihrer Tochter plötzlich elementare politische Tatsachen nicht mehr kannte und laufend vergaß, dass ihr Ehemann gestorben war; immer wieder musste man ihr die traurige Mitteilung machen, und jedes Mal war sie tief erschüttert – um wenig später nichts mehr vom ganzen Sachverhalt zu wissen.

Eine spezielle Demenz findet sich bei einer Spätform der Syphilis, der progressiven Paralyse, die meist recht plötzlich eintritt (der »paralytische Zusammenbruch«) und der oft eigenartige psychische Symptome vorausgehen: nicht selten eine unvorstellbare intellektuelle Produktivität, Größenwahn und »wirre« Gedanken. Der nach Immanuel Kant sicher berühmteste deutsche Philosoph quittierte krankheitshalber bald seine früh erhaltene Professur in Basel, verfasste trotz zunehmender körperlicher Beschwerden eine Reihe philosophischer Schriften, schrieb dann drei seiner Hauptwerke binnen weniger Monate, zog als Untermieter zu einem bescheidenen Ehepaar nach Turin, fiel durch immer seltsameres Verhalten auf (umarmte u. a. einen Kutschergaul) und verfasste zunehmend verworrene Briefe, bis man ihn schließlich auf Umwegen in sein Elternhaus brachte, wo er noch ein Jahrzehnt vor sich hindämmerte: Friedrich Nietzsche hatte sich früh mit der Syphilis infiziert, und in einem Spätstadium hatten die Erreger schließlich sein Hirn befallen – ein Schicksal, das er mit berühmten anderen Männern seiner Zeit teilte, beispielsweise Robert Schumann und Friedrich Smetana.

2.2 Geistesschwäche

2.2.1 Vorbemerkungen, Symptombild, mögliche Ursachen

Die eher ungewöhnliche Bezeichnung Geistesschwäche wirkt nicht so herabsetzend wie das konnotativ stark negativ besetzte Wort »Schwachsinn« und weniger technisch als der mittlerweile in wissenschaftlichen Arbeiten verwendete Terminus Intelligenzminderung. Letztere wird heute mittels der Werte des Intelligenzquotienten (IQ) definiert. Dieser liegt normierungsbedingt bei der Bevölkerung im Durchschnitt bei 100; bei Werten unter 70 spricht man von Intelligenzminderung (im klinischen Sinne) – dass schon bei geringeren Abweichungen beispielsweise schulische Schwierigkeiten auftreten, ist nicht überraschend. Diese Definitionen sind auch heute – generell wie die Aussagekraft von Intelligenztests – nicht unumstritten und eignen sich erst recht nicht, um verstorbene, nie getestete Personen diesbezüglich einzuordnen. Praktikabler sind die angegebenen Kriterien: Personen mit leichter Intelligenzminderung (früher: Debilität; IQ zwischen 50 und 69) »erwerben Sprache verzögert«, jedoch meist in einem Umfang, der für »die täglichen Anforderungen« und für »eine normale Konversation« ausreicht. »Die meisten dieser Personen« – wird hinzugefügt – »erlangen eine volle Unabhängigkeit in der Selbstversorgung (Essen, Waschen, Anziehen, Darm- und Blasenkontrolle) und in praktischen und häuslichen Tätigkeiten, wenn auch das Entwicklungstempo deutlich langsamer ist als normalerweise üblich.« Personen mit mittelgradiger Intelligenzminderung (älterer Ausdruck: »Imbezillität«; IQ zwischen 35 und 49) zeigen eine »verlangsamte Entwicklung von Sprachverständnis und Sprachgebrauch. Ihre mögliche Leistungsfähigkeit in diesem Bereich ist begrenzt. Der Erwerb von Fähigkeiten im Bereich der Selbstversorgung und der motorischen Fähigkeiten ist ebenso verzögert, und einige Betroffene benötigen lebenslange Beaufsichtigung.« Die Autoren von ICD-10 weisen übrigens darauf hin, dass sich gerade in dieser Gruppe viele Personen mit frühkindlichem Autismus oder anderen tiefgreifenden Entwicklungsstörungen finden, zudem Epilepsie und andere »neurologische und körperliche Behinderungen« häufig seien; die meisten seien aber in der Lage, »selbstständig zu gehen«. Die intellektuelle Leistungsfähigkeit von Personen mit schwerer Intelligenzminderung (IQ zwischen 20 und 34) entspricht etwa denen mit mittlerer Intelligenzminderung, jedoch – so heißt es – leiden die meisten Personen dieser Gruppe »an einer deutlichen ausgeprägten motorischen Schwäche oder anderen Ausfällen, welche auf das Bestehen einer klinisch bedeutsamen Schädigung oder Fehlentwicklung des Zentralnervensystems hinweisen«. Personen mit schwerster Intelligenzminderung (früher: Idiotie; IQ < 20) sind großteils »immobil oder sehr in ihrer Bewegungsfähigkeit« eingeschränkt. Sie besitzen »wenig oder keine Fähigkeit, für ihre eigenen Grundbedürfnisse zu sorgen und benötigen ständige Hilfe und Überwachung«. Eine »organische Ätiologie« könne in den meisten Fällen festgestellt werden. »Häufig sind schwere neurologische oder die Bewegungsfähigkeit betreffende körperliche Defizite, wie z. B. Epilepsie und Beeinträchtigung der Seh- und Hörfunktionen« (stark verkürzt nach ICD-10, S. 308).

Der Großteil der intelligenzgeminderten Personen zeigt nur die leichte Form, und entsprechend lassen sich bei ihnen in der Regel keine auffälligen hirnorganischen Veränderungen nachweisen, während dies bei Personen mit mittlerer häufig und bei jenen mit schwerer bzw. schwerster Intelligenzminderung fast die Regel ist.

Die häufigsten Ursachen für Intelligenzminderung sind das Fetale Alkoholsyndrom und die Trisomie 21. Das Fetale Alkoholsyndrom bei ausgeprägtem Alkoholmissbrauch der Schwangeren stellt das Vollbild der Behinderung mit auffälligen Veränderungen im Gesichtsbereich (kleiner Schädel, breiter und flacher Nasenrücken, hohe und wenig konturierte Partie zwischen Nase und Oberlippe) und starken intellektuellen Einschränkungen dar. Das Fetale Alkoholsyndrom (Alkoholembryopathie) und weniger ausgeprägte Formen werden als Fetale Alkoholspektrumsstörungen zusammengefasst. Diese dürften die verbreiteste Ursache von Geistesschwäche darstellen. Die Trisomie 21 trägt diesen Namen, da hier das Chromosom 21 in dreifacher Form vorliegt. Man nennt die Erkrankung auch Down-Syndrom (früher: Mongolismus). Trisomie 21 dürfte bei den im Folgenden betrachteten Personen (Mitgliedern des hohen Adels) eher selten gewesen sein, denn das Down-Syndrom tritt in erster Linie bei Kindern von Spätgebärenden auf. Die Frauen der Herrscher brachten hingegen in aller Regel sehr bald Nachkommen zur Welt und starben auch nicht selten früh. So hatte beispielsweise Franz II., der letzte Kaiser des Heiligen Römischen Reiches Deutscher Nation, mit seiner zweiten Frau und Cousine Maria Theresa von Neapel-Sizilien zwölf Kinder; bei der Geburt des ersten war die Gemahlin gerade 17 Jahre alt, bei der des letzten, welche Mutter und Tochter das Leben kosteten, 35. Es ist aber nicht ausgeschlossen, dass in früheren Zeiten – in denen die heute unzweifelhaften Zusammenhänge mit fetalen Fehlbildungen noch nicht klar waren – Schwangere durchaus große Mengen von Alkohol tranken. So schreibt McGuigan (1991, S. 436):

»Die Wiener fanden in ihrer Vorliebe für Lustbarkeiten nichts daran, daß ihre Kaiserin Marie Therese, obwohl sie während ihrer sechzehnjährigen Ehe zwölfmal schwanger war, an jeder Faschingssaison teilnahm. Die Wiener trafen sogar vorsorglich Vorkehrungen für schwangere Frauen, von denen man nicht gut verlangen konnte, daß sie während des Faschings zu Hause blieben, und richteten Zimmer ein, mit allen Bequemlichkeiten; Zimmer in denen ein Kind zur Welt gebracht werden konnte, falls sich dies unglücklicherweise als notwendig erweisen sollte.«

Es ist wenig wahrscheinlich, dass die Schwangeren im Rahmen dieser fröhlichen Feste auf Sekt und Wein verzichtet haben, und es wäre insofern kein Wunder, wenn das ein oder andere der früh verstorbenen erzherzoglichen Kinder an Fetalen Alkoholspektrumstörungen litt.

Weitere Ursachen für Geistesschwäche sind Infektionen der Schwangeren, was damals – als es beispielsweise noch keine Rötelnimpfung gab – sicher nicht unwahrscheinlich war. Überdies können Hirnveränderungen bei embryonalen Fehlbildungen neben körperlichen Veränderungen im Schädel-Hirn-Bereich eine mehr oder weniger ausgeprägte Intelligenzminderung hervorrufen, was möglicherweise bei Ferdinand I., Kaiser von Österreich, der Fall war. Häufige Ursache von Geistesschwäche sind zudem Geburtskomplikationen, die heute in zivilisierten Ländern seltener sind, aber vor ein oder zwei Jahrhunderten selbst in besten Kreisen sehr verbreitet waren (▶ Kap. 4.6.3 zu der schwierigen Geburt von Wilhelm II. und den anzunehmenden psychischen Folgen).

Schließlich ist noch auf einen weiteren möglichen Faktor für Geistesschwäche hinzuweisen: die Inzucht. Sie spielt angesichts der strengen Heiratsgesetze in der Normalbevölkerung keine Rolle, in den Adelsfamilien war sie jedoch nahezu die Regel. Insbesondere war dies der Fall bei den Habsburgern mit ihrer taktischen Heiratspolitik, legitimiert durch päpstliche Dispense. So sorgte Kaiser Leopold II. dafür, dass sein Sohn Franz nach dem frühen Tod seiner ersten Ehefrau seine eigene Cousine heiraten konnte; insgesamt war es sogar eine Triplehochzeit, da zwei weitere Kinder Leopolds mit nächsten Verwandten vermählt wurden (McGuigan 1991, S. 426 f.).

2.2.2 Bekannte Personen mit Geistesschwäche

Wie bereits erwähnt, ist die Geistesschwäche bei Berühmtheiten rar, unter Künstlern und Wissenschaftlern so gut wie gar nicht zu finden, in manchen Adelshäusern hingegen keineswegs selten. In den meisten Fällen hielt man sie strikt von der Öffentlichkeit fern, zuweilen wurden sie jedoch gekrönt, wobei ihre Herrschaft de facto von anderen Personen ausgeübt wurde. Das sicher berühmteste Beispiel ist Kaiser Ferdinand von Österreich.[2]

Ferdinand I., Kaiser von Österreich
(1793–1875 [Regierungszeit 1835–1848])

Vorbemerkungen

Dieser Herrscher ist durchgängig, aber möglicherweise zu Unrecht als »schwachsinnig« in die Geschichtsbücher eingegangen. Sicher war er – wie auch König Friedrich Wilhelm IV. von Preußen – nicht dazu prädestiniert, in beweg-

---

[2] Zu Unrecht wird übrigens der preußische König Friedrich Wilhelm IV. (1795–1861) in manchen Darstellungen als »geistesgestört« »schwachsinnig« und zumindest als geistig beschränkt bezeichnet. Zwar war er sicher nicht die geeignete Person, den behutsamen Wechsel von der absoluten Monarchie zu einer parlamentarisch-demokratischen Staatsform zu vollziehen und wurde 1858 von seinem Bruder Wilhelm (dem späteren deutschen Kaiser Wilhelm I.) abgelöst, nachdem er mehrere Schlaganfälle erlitten hatte; liest man jedoch seine frühen Briefe, so deuten diese keineswegs auf eingeschränkte intellektuelle Fähigkeiten hin, und von neurologischen Beeinträchtigungen vor der Erkrankung ist nie die Rede. – Ob Zar Peter III. (1728–1762), der gerade ein halbes Jahr regierte, dann auf mysteriöse Weise verstarb und als russischer Regent durch seine Ehefrau Katharina II. (Katharina die Große) abgelöst wurde, wirklich debil war, wie in Geschichtsbüchern zu lesen, wird mittlerweile von einigen Seiten bezweifelt.

ten Zeiten um 1848 ein riesiges Vielvölkerreich zu lenken; immerhin waren seine Regierungsjahre vergleichsweise friedvoll, und er war besonnen genug, seine Amtsgeschäfte rechtzeitig seinem Neffen Franz Joseph zu übergeben, der laufend Mehrfrontenkämpfe zu bestehen hatte, während sich sein Onkel bescheiden und keineswegs erfolglos der Verwaltung seiner Güter widmen konnte.

Leben und Werk

Der älteste Sohn von Franz von Habsburg (von 1792 bis 1806 als Franz II. der letzte Kaiser des Heiligen Römischen Reiches Deutscher Nation, ab 1804 bis zu seinem Tod 1835 als Franz I. österreichischer Kaiser) war Ferdinand; geboren im Jahr 1793, fiel er schon bald durch einen Hydrocephalus (Wasserkopf), epileptische Anfälle sowie eine deutlich verzögerte Entwicklung auf, was man am Hof mithilfe diverser Erzieher mit begrenztem Erfolg zu korrigieren versuchte. Dennoch bestimmte ihn Franz I. zu seinem Nachfolger als Kaiser von Österreich, ernannte jedoch mehrere Personen, die für ihn die Regierungsgeschäfte führten, darunter zwei seiner jüngeren Brüder sowie den politisch höchst versierten Fürst Metternich. Zwar unterschrieb Ferdinand sämtliche kaiserlichen Dekrete, war aber an ihrer Entstehung so gut wie nicht beteiligt und dürfte ihren Inhalt auch nicht immer ganz verstanden haben. Im Revolutionsjahr 1848 musste Metternich fliehen, und es ergab sich gut, dass Franz Joseph, der älteste Sohn von Franz Karl, einem Bruder Ferdinands, gerade volljährig geworden war, um die Regierungsgeschäfte von seinem Onkel übergeben zu bekommen. Ferdinand (der übrigens nie den Kaisertitel ablegte, insofern nicht formal abdankte) zog sich auf den Prager Hradschin und seine böhmischen Güter zurück, wo er 1875 mit 82 Jahren starb.

Krankengeschichte

Dass Ferdinand einen Wasserkopf hatte, schon früh an Epilepsien litt und in seiner geistigen wie körperlichen Entwicklung deutlich zurückblieb, ist gut dokumentiert, auch wenn es nicht immer sicher ist, ob dabei nicht Einzelheiten übermäßig drastisch dargestellt sind und vielleicht das eine oder andere sogar erdichtet ist. McGuigan (1991, S. 481) beschreibt – allerdings ohne Quellenangabe – den Zustand so:

»Der älteste Sohn des Kaisers, Ferdinand, hatte im Laufe der Jahre weder körperliche noch geistige Fortschritte gemacht. Dutzende Hauslehrer waren gekommen und gegangen und hatten sich vergeblich bemüht, diesem großen, leeren Kopf ein Minimum an Wissen einzutrichtern. Sein Lieblingsvergnügen bestand darin, sich in einen Papierkorb einzuzwängen und so im Zimmer umherzurollen. Auch liebte er es, stundenlang am Fenster zu stehen und die Passanten zu beobachten. Seine Konversation bestand aus gestammelten Wiederholungen. Seine epileptischen Anfälle waren schrecklich anzusehen; er war von Angst gepeinigt, daß der Kaiser Zeuge eines solchen Anfalls werden könnte.«

Trotzdem suchte man für Ferdinand eine Frau – obwohl früh klar war, dass die Ehe kinderlos bleiben würde: Die Ehe war von Anfang an schwer belastet. Das Brautpaar lebte in einer Suite der Hofburg wie Patient und Pflegerin. Am Weihnachtsabend des Jahres 1832 erlitt Ferdinand gleich 20 epileptische Anfälle von solcher Heftigkeit, dass die Ärzte alle Hoffnung aufgaben (ebd., S. 491). Jedoch:

»Aber wie durch ein Wunder erholte sich Ferdinand wieder, der scheinbar so dünne Lebensfaden hielt und ließ ihn Jahr um Jahr weiterleben, während um ihn herum seine Verwandten starben.« (ebd.)

Unverkennbar waren motorische Einschränkungen:

»Ferdinands Erscheinen in der Öffentlichkeit musste jedes Mal sorgfältig inszeniert werden. Zwei oder drei Bedienstete schoben und zogen seinen unbeholfenen Körper durch Korridore und über Treppen in den Bankettsaal.« (ebd., S. 493)

Übereinstimmend wird berichtet, dass er »gutmütig« gewesen sei – bei Personen mit ausgeprägter Intelligenzminderung keine Selbstverständlichkeit. Sehr bald erhielt er den Beinamen »Ferdinand der Gütige«, den die bösen Wiener schnell in »Gütinand der Ferdige« oder »Gütinand der Pferdige« umwandelten und ihn öffentlich »Nandltrottel« nannten.

Betrachtet man diese Schilderungen, so wäre nach den in Kapitel 2.2.1 angeführten Kriterien zumindest eine mittlere, wenn nicht schwere Intelligenzminderung zu diagnostizieren. Andererseits liest man, dass er nach Übergabe der Regierungsgeschäfte an Franz Joseph abends in sein Tagebuch schrieb:

»›Die Funktion endete damit, dass der neue Kaiser vor seinem alten Kaiser und Herrn, nämlich mir, kniend um den Segen bat, welchen ich auch unter Auflegung der Hände auf seinen Kopf und Bezeichnung mit dem heiligen Kreuz gab, ich ihn dann umarmte, und   er mir die Hand küsste. Und auch meine liebe Frau umarmte und küsste unseren neuen Herrn, dann entfernten wir uns in unsere Zimmer. Bald darauf hörten ich und meine liebe Frau in der Kapelle der erzbischöflichen Residenz die heilige Messe. (…) Nachher packten ich und meine liebe Frau unsere Effekten zusammen.‹« (ebd., S. 499)

Das Ganze klingt vielleicht etwas schlicht, aber es zeigt, dass dem Kaiser die Fähigkeit zu gutem schriftlichen Stil keineswegs abging. Auch soll er fünf Sprachen beherrscht und seine Güter in Böhmen so gut verwaltet haben, dass sein Nachfolger Franz Joseph daraus ein nicht unbeträchtliches Vermögen bezog (Mikoletzky 1990).

Betrachtet man sein (sicher geschmeicheltes) Porträt, so fallen bei Ferdinand weder Zeichen des Down-Syndroms auf – was auch nicht zu erwarten war – noch Gesichtsveränderungen im Sinne einer alkoholischen Embryopathie. Ins Auge sticht hingegen sofort der große Kopf, der die ohnehin sichere Diagnose Hydrocephalus bestätigt (▶ Abb. 1). Dies stellt wiederum die Frage nach dessen Ursache, wobei ein fehlender Verschluss der Wirbelkanals (Spina bifida, »offener Rücken«) am wahrscheinlichsten in Frage kommen dürfte. Dazu würden auch die Gangstörungen sowie die anzunehmende Impotenz passen. Andererseits wird nie von irgendwelchen Kontinenzproblemen (Störungen bei der Kontrolle von Urin- und Kotabgang) berichtet. Auch das vergleichsweise hohe erreichte Lebensalter spricht ein wenig dagegen. Ein solcher offener Rücken kann unterschiedlichste Ursachen haben. Ob Inzucht diese Fehlbildung im Wirbelsäulenbereich fördert – Ferdinands Eltern waren immerhin Cousin und Cousine –, sei dahingestellt.

Abb. 1   Kaiser Ferdinand I. von Österreich im Ornat des Vlies-Ordens 1847. Porträt von Leopold Kupelwieser.

Die lange Reihe der geistig behinderten Habsburger

Einige Mitglieder der Familie Habsburg machten möglicherweise wegen ihres zurückgebildeten Oberkieferbereichs und des stark vorstehenden Unterkiefers (mit der Folge der Habsburger-Unterlippe) sowie der daraus resultierenden unartikulierten Sprache fälschlicherweise des Eindruck geistiger Einschränkung. Auf Porträts oder Büsten sieht man beispielsweise bei Maximilian I. und speziell den spanischen Habsburgern des 17. Jahrhunderts dieses Merkmal sehr deutlich (s. dazu Peacock et al. 2014).

Während bei Ferdinand I. möglicherweise die Behinderung weniger ausgeprägt war als allgemein dargestellt, gilt für einen anderen, Don Carlos, Infant von Spanien (Mitglied also der spanischen Linie der Habsburger), genau das Gegenteil. Schiller hat ihn in seinem Drama zum eloquenten und edlen Menschen stilisiert (»Sire, geben Sie Gedankenfreiheit«), während alle zeitgenössischen Berichte sagen, dass Don Carlos (1545–1568) körperlich entstellt war (mit Buckel und Verkürzung eines Beins), an Epilepsie litt, geistig zurückgeblieben war, zudem – insbesondere nach einem schweren Unfall – grausam und bösartig. Als erster Sohn der Ehe zwischen König Philipp II. und seiner engen Verwandten Maria von Portugal geboren, fiel er bald durch diverse Einschränkungen auf, sodass Philipp ihn schon früh von der Thronfolge ausschloss. Als er in die Niederlande fliehen wollte, wurde er verhaftet und starb bald danach unter etwas rätselhaften Umständen im Gefängnis (s. Vasold 2001, S. 84 ff.).

Ein bedauernswertes Monster muss der gemeinsame Onkel (!) der Eheleute Franz II. und Maria Theresa gewesen sein, er war – laut McGuigan (1991, S. 652) – »vollkommen schwachsinnig« und »lebte in Neapel mit einem Wärter«. Die Autorin fügt hinzu: »Josef II., dessen Neugierde unstillbar war, sah sich das Geschöpf bei einem Besuch in Neapel an.« Insofern verwundert es nicht, dass neben Ferdinand ein zweites Kind von Franz und Maria Theresa deutliche Einschränkungen zeigte: »Eine Tochter war schwachsinnig und lebte bis zu ihrem Tode mit einem Wächter in Schönbrunn.« (ebd.)

Geistig zurückgeblieben, zudem durch ein besonders ausgeprägtes Hervorstehen des Unterkiefers (Habsburger Unterlippe) entstellt, sprechbehindert und körperlich verwachsen war auch Karl II. von Spanien – ob er zudem an im Mutterleib erworbener Syphilis (Lues connata) litt, muss dahingestellt bleiben; er bestieg 1665 mit gerade einmal vier Jahren den Thron. Die Herrschaft übten de facto aber Verwandte und diverse Ratgeber aus. Als er kinderlos starb, endete die Reihe der spanischen Habsburger; es kam zum Spanischen Erbfolgekrieg, nach dem schließlich ein Bourbone (mit ein wenig »Habsburger Blut«) als Philipp V. König von Spanien wurde (ebenfalls übrigens psychisch auffällig, vielleicht bipolar oder schizoaffektiv gestört, sicher jedoch nicht debil).

2.3 Demenzen

2.3.1 Vorbemerkungen, einzelne Störungsformen und ihre Ursachen

Bei den Demenzen handelt es sich um einen Komplex von Symptomen, der bei verschiedenen Krankheiten beobachtet wird. Typischerweise findet sich eine mehr oder wenig starke Beeinträchtigung kognitiver Funktionen, die sich – anders als bei der bereits besprochenen Geistesschwäche oder Intelligenzminderung – zuvor auf normalem Niveau befunden haben. An erster Stelle stehen Störungen des Gedächtnisses; typischerweise zeigen sich zunächst Beeinträchtigungen der Merkfähigkeit, also Defizite in der längerfristigen Speicherung neuen Materials. Auch intensive Eindrücke sind wenig später vergessen. Bei der Untersuchung kann der Tagesablauf, besonders wenn er vom Gewohnten abweicht, nur sehr unzulänglich wiedergegeben werden. Durch diverse Maßnahmen (etwa mithilfe von »Spickzetteln«, Aufklebern) schaffen es jedoch viele Patienten, diese Schwierigkeiten einigermaßen zu kompensieren und lange vor der Welt geheimzuhalten, sodass sie erst durch Verlust des »Altgedächtnisses« richtig auffällig werden.

Zunächst nicht oder nur wenig gestört ist hingegen die Wiedergabe von Eindrücken, die vor der Erkrankung gespeichert wurden, etwa Jugenderlebnisse; beispielsweise können alte Schulkameraden und Lehrer mit ihren »Spitznamen« fehlerfrei erinnert werden, während die neuen Enkel stets durcheinander gebracht werden. Im Verlauf der Krankheit zeigen sich jedoch auch zunehmende Einschränkungen der Reproduktion. Die häufig zu Beginn beobachteten Wortfindungsschwierigkeiten (besonders was Eigennamen angeht) lassen sich als beginnende Abrufstörungen interpretieren (wie Ronald Reagan, der sich plötzlich nicht mehr an eigentlich vertraute Ortsbezeichnungen erinnern konnte). Daneben sind andere Fähigkeiten, wie speziell Denk- und Urteilsvermögen, Konzentration und Aufmerksamkeit, beeinträchtigt sowie die Verarbeitung neuer Informationen erschwert, besonders wenn diese gleichzeitig von verschiedenen Seiten vermittelt werden. Die nachlassende Fähigkeit zum »Multitasking« ist nicht selten das, was Außenstehenden an der erkrankten Person zuerst auffällt. Weiter zeigen sich mehr oder weniger ausgeprägte Störungen der Affekte (u.a. Verlust emotionaler Kontrolle, oft Aggressivität, extremes Misstrauen bis hin zu paranoid-psychotischer Symptomatik). Bei der frontotemporalen Demenz sind die emotionalen Störungen mit Kontrollverlust sogar in der Regel das erste auffällige Symptom. Jedoch sind die betroffenen Personen typischerweise – wenigstens in den frühen Stadien – bewusstseinsklar, örtlich und zeitlich durchaus orientiert.

Die Diagnosestellung geschieht vornehmlich anhand der Beeinträchtigung intellektueller Funktionen, speziell der Gedächtnisleistungen. Die Zuordnung zu den Unterformen erfolgt teils nach der Begleitsymptomatik (etwa neurologischer Natur), teils anhand des Krankheitsverlaufs und anderer Befunde (z.B. HIV-Nachweis).

Die Diagnose Demenz bei Alzheimer-Krankheit (»Alzheimer-Demenz«) ist oft erst durch Autopsie mit Nachweis charakteristischer Hirnveränderungen möglich. Nicht immer leicht gelingt klinisch die Abgrenzung gegenüber der vaskulären und der frontotemporalen Demenz. Demenz ist also nicht identisch mit der Alzheimer-Erkrankung. Letztere bezeichnet eine von verschiedenen Varianten des Formenkreises, wenn auch die mit Abstand häufigste.

Bei der Demenz bei Alzheimer-Krankheit steht das Bild des oben geschilderten »demenziellen Syndroms« im Vordergrund. Der Beginn fällt meist ins höhere Lebensalter (also in die Jahre über 65), zuweilen auch schon ins mittlere und in einigen Fällen sogar noch davor (Alzheimer-Krankheit mit präsenilem Beginn). Die Entwicklung ist, wenigstens bei den senilen Formen, im Allgemeinen schleichend, ohne wesentliche Sprünge im Verlauf, und führt üblicherweise erst im Laufe mehrerer Jahre zum klinischen Vollbild. Neurologische Einschränkungen finden sich anfangs in aller Regel nicht, treten aber nicht selten später hinzu und können Todesursache sein.

Typisch und (nahezu) beweisend für diese Demenzform ist das Vorliegen neuropathologischer Veränderungen (▶ Glossar). Der auch bei anderen Demenzformen zu beobachtende Untergang von Nervenzellgewebe ist beim Morbus Alzheimer eher diffus lokalisiert, betrifft jedoch stärker die seitlich gelegenen Hirnteile, speziell die (für Gedächtnisvorgänge bedeutsame) Hippocampusregion, weniger hingegen das Stirnhirn (im Gegensatz zur frontotemporalen Demenz).

Entgegen früherer Ansichten spielen bei der Entwicklung der Alzheimer-Demenz genetische Faktoren sicher keine unbeträchtliche Rolle, daneben bis jetzt weitgehend unbekannte Umwelteinflüsse. Der mit Abstand wichtigste Risikofaktor ist jedoch das Alter, denn die genannten Veränderungen brauchen offenbar längere Zeit, um sich zu entwickeln und zu klinisch relevanter Symptomatik zu führen. Nachdem hier vornehmlich Personen vergangener Jahrhunderte betrachtet werden und seinerzeit die Lebenserwartung deutlich geringer war – sieht man von einigen Gegenbeispielen wie dem 90-jährigen Michelangelo, dem 83-jährigen Goethe, der 82-jährigen Queen Victoria oder dem hochbetagt verstorbenen deutschen Kaiser Wilhelm I. einmal ab –, so erreichten selbst höher gestellte Personen meist nicht das Alter (etwa 70 Jahre), in dem »Alzheimer« zunehmend wahrscheinlicher wird.[3]

---

3 Ausnahmen könnten prinzipiell einige Päpste sein, nachdem diese bis vor Kurzem nie von selbst abdankten und auch zur Abdankung nicht gezwungen werden konnten. Zwar waren die offiziösen Kirchengeschichtsschreiber psychiatrisch nicht geschult und hatten erst recht kein Interesse daran, bei den von ihnen dargestellten Personen minutiös intellektuellen Abbau nachzuweisen; augenblicklich gibt es jedoch keinen sicheren Hinweis darauf, dass einige hochbetagte Päpste an »Alzheimer« erkrankten – der in seinem Wirken äußerst umstrittene (aber allen Berichten nach nicht »demente«) Pius IX. war zum Zeitpunkt seines Todes 86 Jahre alt, sein Vorgänger Gregor XVI. 81 Jahre, Pius' Nachfolger Leo XIII. verstarb 1903 im Alter von fast 94 Jahren, Pius XI. und Pius XII. wurden jeweils 82 Jahre alt, Johannes Paul II. (zum Zeitpunkt seines Todes 85-jährig) litt zwar unzweifelhaft an der Parkinson-Krankheit, nicht jedoch an der häufig damit verbundenen Demenz (s. unten), und der »Papa emeritus« Benedikt XVI., der 2013 abdankte, ist mit seinen über 90 Jahren zwar ein gebrechlicher Greis, geistig aber offenbar durchaus auf der Höhe.

Die vaskuläre Demenz ist nach der Alzheimer-Demenz die häufigste Form und geht in der Regel schon früh mit neurologischen Symptomen einher, die sich auf Durchblutungsstörungen bei Verengungen der Hirngefäße zurückführen lassen. Oft setzt die Symptomatik im Anschluss an eine akute Minderdurchblutung (»Schlaganfall«) mit Bewusstseinstrübungen, Sehstörungen, Lähmungen oder Beeinträchtigungen höherer Sprachfunktionen (Aphasien) ein. Der wechselhafte Verlauf der Erkrankung mit abrupt einsetzenden Verschlechterungen und Spontanremissionen sowie neurologischen Symptomen erleichtert die Abgrenzung von der Alzheimer-Demenz. Bei vielen Betroffenen lassen sich in der Vorgeschichte Rauchen, Hypertonie oder Diabetes finden. Alzheimer- und vaskuläre Demenz kommen häufig vergesellschaftet vor.

Zunehmende Beachtung findet mittlerweile die frontotemporale Demenz (in etwa synonym mit Pick-Demenz oder Demenz bei Pick-Krankheit). Bei dieser findet sich schon vor den typischen Einschränkungen intellektueller Funktionen eine ausgesprochene Frontalhirnsymptomatik mit Auffälligkeiten speziell im sozialen Verhalten (z. B. Taktlosigkeit, Enthemmung). Die Erkrankung beginnt im Allgemeinen etwa im 6. Lebensjahrzehnt (also typischerweise 10–20 Jahre früher als die Alzheimer-Demenz) und führt – anders als letztere – meist binnen weniger Jahre (meist drei oder vier) zum Tod. Es handelt sich um eine ursächlich kaum geklärte Schrumpfung vornehmlich des Stirnhirns.

Auch bei der vornehmlich durch motorische Symptome charakterisierten Parkinson-Krankheit findet sich so häufig eine Demenz, dass ein zufälliges gleichzeitiges Vorliegen von Alzheimer-Krankheit ausgeschlossen werden kann. Das Symptombild ähnelt zwar teilweise letzterer; allerdings ist der Verlauf rascher, und psychotische Symptome im Sinne von Wahnvorstellungen und Halluzinationen sind häufiger.[4]

---

4 Weiter seien einige seltenere Demenzformen genannt, z.B. im Rahmen der (erblich übertragenen) Huntington-Krankheit (Chorea Huntington), bei der neben dem vorherrschenden neurologischen Symptombild der unkontrollierten Bewegungen ausgeprägte psychische Veränderungen auftreten, darunter eine demenzielle Symptomatik. Das Bild manifestiert sich, ähnlich wie bei der Pick-Krankheit, zunächst häufig in verändertem emotionalen Verhalten. Erst später zeigen sich Defizite im Gedächtnisbereich. Letztlich selten ist (noch) die Creutzfeldt-Jakob-Krankheit, die zusätzlich zu einer rasch fortschreitenden Demenz durch eine Vielzahl neurologischer Symptome gekennzeichnet ist. Typisch sind schwammartige Gehirnveränderungen, welche auffällig jenen gleichen, welche man im Rahmen von BSE (boviner spongioformer Enzephalopathie; vulgo: »Rinderwahnsinn«) feststellt. In den meisten Fällen dürfte die Krankheit infektiös bedingt sein (tritt zuweilen nach Hirnoperationen auf); die Erreger sind äußerst hitzeresistente Eiweißkörperchen (Prionen), welche in den Eiweißstoffwechsel der Erkrankten eingreifen. Nicht auszuschließen (wahrscheinlich aber selten) ist auch die Infektion durch Verzehr von Rinderprodukten (speziell wenn sich Nervengewebe darin befindet). Wahrscheinlich jedoch können sich diese pathologischen Prionen auch spontan bilden und andere Eiweiße im entsprechenden Sinne verändern. – Gewisse Bedeutung hat mittlerweile auch die AIDS-Demenz (oder allgemeiner: HIV-Demenz). Unstritig ist, dass bei Personen im AIDS-Stadium – neben diversen anderen psychiatrischen Symptomen – oft eine deutliche demenzielle Symptomatik auftritt (mit Vergesslichkeit, Konzentrationsstörungen und Schwierigkeiten beim Problemlösen).

2.3.2 Bekannte Persönlichkeiten mit Demenz

Ronald Reagan (1911–2004)

Vorbemerkungen

Dass der ehemalige US-Präsident an Alzheimer-Demenz litt, ist so gut wie sicher – auch wenn die beweisende Autopsie mit Nachweis der charakteristischen Anomalien nicht durchgeführt wurde. Dafür spricht nicht nur der Krankheitsverlauf und Reagans öffentlicher Brief, in dem er selbst seine Diagnose mitteilte; das Vorliegen demenzieller Symptomatik war unzweifelhaft, und andere Demenzformen kann man so gut wie ausschließen. Leider existiert kaum wissenschaftliche Literatur zu Reagans Erkrankung, sodass die Wiedergabe hier nach (nicht im Einzelnen zitierten) Presseberichten erfolgt.

Leben und Werk

Nach einer Karriere als Schauspieler (u. a. in Western-Filmen), die ihn weit bekannt machte, wandte sich Reagan der Politik zu, wurde als Republikaner Gouverneur im eher demokratisch eingestellten Kalifornien, setzte sich bei den Präsidentenwahlen 1981 deutlich gegen den bisherigen Amtsinhaber Jimmy Carter durch und wurde 1985 wiedergewählt. Nach Ende seiner Präsidentschaft 1989 zog er sich mit seiner Frau Nancy nach Kalifornien zurück. 1994 erschien sein berühmter Brief an die Amerikaner, in dem er die Öffentlichkeit über seine Alzheimer-Krankheit informierte (s. unten). Ein Jahrzehnt später verstarb er 93-jährig.

Krankengeschichte

Es gibt ernst zu nehmende Hinweise darauf, dass die ersten Symptome der Alzheimer-Demenz bereits während Reagans zweiter Amtszeit auftraten, und zwar möglicherweise schon zu deren Beginn: So berichtet sein Sohn Ron, dass sein Vater bei einem Flug über die Gegend um Los Angeles im Jahre 1986 zu seinem eigenen Entsetzen feststellen musste, dass er die Namen der ihm vertrauten Täler vergessen hatte. 1989, kurz nach Ende seiner Präsidentschaft, stürzte Reagan vom Pferd und musste operiert werden, wobei in der Klinik Demenzsymptome diagnostiziert wurden. Zwei wissenschaftliche Veröffentlichungen, die Reagans Pressekonferenzen und seine Tagebucheintragungen analysierten (Berisha et al. 2015; Fins 2015) kamen zu dem Schluss, dass definitiv schon während der zweiten Amtsperiode kognitive Einschränkungen (etwa hinsichtlich Wortschatz) manifest waren. In den Folgejahren nahmen diese deutlich zu, und im November 1994 erschien die erwähnte öffentliche Mitteilung, die klar und in wohlgesetzten Worten abgefasst ist – man muss annehmen, dass dabei eine gewisse Hilfestellung erfolgt ist. Der nach einer Internetquelle (Planet Wissen) auszugsweise wiedergegebene Brief lautete so:

»Liebe Landsleute, vor Kurzem habe ich erfahren, dass ich, wie Millionen anderer Amerikaner, an der Alzheimer-Krankheit leide. (…) Im Moment fühle ich mich sehr gut. Ich beabsichtige, in den Jahren, die mir Gott auf dieser Erde schenkt, das zu tun, was ich bisher getan habe. (…) Leider hat die Familie eine schwere Bürde zu tragen, wenn die Alzheimer-Krankheit fortschreitet. (…) Ich wünsche mir, ich könnte Nancy diese schmerzliche Erfahrung ersparen. (…) Ich beginne nun die Reise, die mich zum Sonnenuntergang meines Lebens führt, in der Gewissheit, dass über Amerika immer wieder ein strahlender Morgen dämmern wird.«

Bald darauf wusste Reagan oft nicht mehr, wo er war, erkannte immer weniger Personen, in den letzten Jahren wohl auch seine eigene Frau nicht mehr. Als Todesursache des 93-Jährigen wurde Lungenentzündung angegeben.

Die Diagnose Demenz bei Alzheimer-Krankheit ist sicher korrekt. Demenz bei Vorliegen einer Parkinson-, Creutzfeldt-Jakob- oder Huntington-Krankheit können ebenso wie AIDS-Demenz ausgeschlossen werden. Frontotemporale Demenzen beginnen in aller Regel deutlich früher und haben einen kürzeren Verlauf – während Reagans Erkrankung sich über mindestens ein Jahrzehnt hinzog, wahrscheinlich eher 15 oder gar 20 Jahre. Außerdem wird nicht von initialen Verhaltensauffälligkeiten berichtet. Nicht völlig auszuschließen, jedoch sehr unwahrscheinlich, ist eine vaskuläre Demenz, denn von neurologischer Symptomatik bzw. anderen kardiovaskulären Erkrankungen ist nie die Rede, und auch ein sprunghafter Verlauf wurde nicht beschrieben.

Margaret Thatcher (1925–2013)

Vorbemerkungen

Margaret Thatcher starb mit 87 Jahren an den Folgen eines Schlaganfalls (eines von mehreren), litt aber lange vorher schon an Demenz. Dank der Memoiren ihrer Tochter Carol ist der Krankheitsverlauf leidlich gut bekannt, was in gewissem Maße für das Fehlen medizinischer Fachliteratur über die Erkrankung der Politikerin entschädigt.

Leben und Werk

Margaret Hilda Thatcher (später in den Adelsstand erhoben) wurde 1925 geboren. Sehr bald Mitglied der Konservativen Partei (der »Tories«), war sie von 1975 bis 1990 deren Vorsitzende, von 1979 bis 1990 britische Premierministerin. In erster Linie wurde sie durch eine konsequente Liberalisierung des britischen Arbeitsmarkts bekannt; daneben verbindet man ihren Namen mit dem Falkland-Krieg. Als die Frage nach ihrem weiteren Parteivorsitz nicht in einer für sie befriedigenden Weise geregelt wurde, gab sie vorzeitig auch ihren Posten als Regierungschefin auf – ihr Nachfolger wurde John Major – und zog sich ins Privatleben zurück. Ihr Mann verstarb 2003, sie selbst 87-jährig im April 2013.

Krankengeschichte
Erste demenzielle Symptome dürften etwa um das Jahr 2000 aufgetreten sein, als Thatcher 75 Jahre alt war. So beschreibt Tochter Carol, dass ihre Mutter beim Lunch plötzlich den Falkland- mit dem Bosnien-Krieg verwechselte (Thatcher 2008, S. 255). Bald danach fiel der Tochter auf, dass ihre Mutter immer wieder in kurzer Zeit dieselben Fragen stellte, etwa wann der Friseurtermin sei. Die einst so wortgewaltige »eiserne Lady« konnte bald kaum mehr einfache Konversationen führen. Andererseits zeigte sie zwischendrin erstaunliche Erinnerungen an Details ihrer Zeit als Premierministerin. 2004, zu den Trauerfeierlichkeiten für Ronald Reagan, reiste Thatcher zwar noch in die USA, war aber bereits so beeinträchtigt, dass ihre Rede vorher aufgezeichnet und bei der Feier abgespielt wurde. Danach verschlechterte sich die Symptomatik schnell: Dass ihr Mann bereits verstorben war, vergaß die ehemalige Premierministerin immer wieder und war stets aufs Neue tief betroffen, wenn man ihr den Sachverhalt klarmachte. Weiter traten mehrere Schlaganfälle auf; dem letzten erlag sie mit 87 Jahren.

Mit gewisser Sicherheit handelte es sich um eine vaskuläre Demenz, da die kognitiven Beeinträchtigungen der Patientin sehr schwankten. Des Weiteren sprechen die diversen »Schlaganfälle« deutlich für Verengungen der Hirngefäße. Nicht auszuschließen ist allerdings, dass es sich um eine der keineswegs seltenen Mischformen von Alzheimer- und vaskulärer Demenz handelte.

King George III. of Britain (1738–1820)

Regierungszeit 1760–1820, König von Großbritannien, später von Großbritannien und Irland [United Kingdom]

Vorbemerkungen

Da die in den jeweiligen Kapiteln bzw. Subkapiteln dargestellten Personen chronologisch angeordnet sind, wäre diese Persönlichkeit des 18. Jahrhunderts vor Reagan und Thatcher zu platzieren. Wenn er dennoch erst zum Schluss behandelt wird, so liegt der Grund darin, dass seine Symptome – wenigstens die besonders auffälligen – nach gegenwärtigem Diskussionsstand nicht auf eine der gängigen Demenzformen zurückzuführen sind (auch zu keiner nur annähernd passen würden), sondern auf eine erbliche Stoffwechselkrankheit.

Leben und Werk

George III., geboren in London, war der dritte König des Hauses Hannover auf dem britischen Thron und der erste dieser Reihe, den man wirklich als Engländer bezeichnen konnte (▶Abb. 2). Sein Urgroßvater und sein Großvater (George I. und George II.) kamen in oder bei Hannover zur Welt und hatten Deutsch als Muttersprache; sein Vater Frederick starb noch, bevor er die Regentschaft antreten konnte. 1760 mit 22 Jahren auf den Thron gekommen und zumindest nominal 60 Jahre lang Regent, ist das Urteil der Historiker über George III. sehr kontrovers: Er galt als persönlich sehr integer, war aller Erkenntnis nach ein treuer Ehemann – anders als sein Sohn, der spätere George IV. – und erfreute sich großer Beliebtheit beim Volke (obwohl er schon bald »the mad king« genannt wurde). In seine Regierungszeit fiel andererseits der amerikanische Unabhängigkeitskrieg, und es ist schwer zu sagen, ob er die Abspaltung der amerikanischen Kolonien durch

Abb. 2 King George III. Krönungsporträt. Gemalt von Allan Ramsay (1762)

geschicktere Politik hätte verhindern können oder ob sich damals ein unvermeidlicher geschichtlicher Prozess vollzog.

Mehr und mehr psychisch auffällig und zunehmend unzurechnungsfähig, lebte er ab 1810 isoliert auf Schloss Windsor, während sein Sohn die Regierungsgeschäfte übernahm und schließlich nach dem Tod des Vaters 1820 als George IV. den Thron bestieg.

Krankengeschichte
Während von den ersten Lebensjahrzehnten des Königs nichts medizinisch Bemerkenswertes berichtet wird, zeigten sich ab etwa 1765 diverse Symptome, z. B. Gallenkoliken gleichende Schmerzzustände und psychotische Symptomatik in Form von Wahnideen und Halluzinationen, welche sich aber zunächst vollständig zurückbildeten. In diesen Phasen wird auch über eine tiefrote bzw. blaue Farbe des Urins berichtet. Etwa um 1790 wurden diese Anfälle immer häufiger, wobei sich eine eigentümliche psychische Symptomatik zeigte: Der Patient sprach stundenlang ohne Pause oder schrieb Briefe mit Sätzen von 400 Wörtern. Ob er wirklich, wie häufig berichtet, einen Baum für den König von Preußen hielt und mit ihm lange konversierte, ist nie sicher bezeugt. Ungefähr 1810 wurde George mehr oder weniger blind – Folge des »grauen Stars« – und verlor zunehmend seine intellektuelle Fähigkeiten. Dass er 1814 König von Hannover wurde, konnte er bereits nicht mehr begreifen. Ab 1811 übernahm sein Sohn stellvertretend die Herrschaft, während er selbst noch etwa ein Jahrzehnt vor sich hindämmerte und schließlich 1820 starb.

Die Symptome entsprechen keiner der üblichen Demenzformen, und die zuweilen in der Literatur zu findende Diagnose Bipolare Störung ist mit ziemlicher Sicherheit von der Hand zu weisen: Dazu passt weder das späte Erstmanifestationsalter noch der progrediente psychische Verfall.

Die augenblicklich am meisten diskutierte und durchaus ernst zu nehmende Hypothese ist die, dass George III. an intermittierender Porphyrie litt, einer autosomal-dominant vererbten Stoffwechselkrankheit. Die Hypothese wurde zuerst von Cox et al. (2005) entwickelt, dann jedoch von Peters und Wilkinson (2010) kritisch hinterfragt.

> Autosomal-dominant bedeutet, dass der Träger erkrankt, wenn die pathologische Genvariation auch nur auf einem der beiden (homologen) Chromosomen zu finden ist. Danach hätte, streng genommen, entweder Georges Vater oder seine Mutter das Leiden ebenfalls haben müssen, worüber allerdings nichts berichtet wird. Dennoch widerspricht dies der angenommenen Diagnose nicht: Entweder waren die Eltern nicht alt genug, um auffällige Symptome zu zeigen (bzw. schienen diese nicht berichtenswert, da beide Geschichtsschreibern wenig Interesse boten), oder es handelte sich – was wahrscheinlicher ist – um eine Erbkrankheit mit niedriger Penetranz, die nur zum Ausbruch kommt, wenn weitere (äußere) Faktoren hinzutreten.

Porphyrien, von denen es zahlreiche Unterformen gibt, sind dadurch gekennzeichnet, dass aufgrund von (erblichen) Enzymstörungen die Synthese des Häm-Moleküls nicht gelingt, des zentralen Teils im Hämoglobin, dem roten Blutfarbstoff. Stattdessen häufen sich Porphyrine im Blut und Urin an (mit der Folge einer dunklen, ins Blaue gehenden Färbung). Porphyrien sind zwar großteils genetisch determiniert, jedoch bedarf es typischerweise eines Auslösers (etwa »Stress«, Alkohol, gewisser Medikamente und anderer Stoffe), um die Störungen (zeitweise) manifest werden zu lassen. Die akute intermittierende Porphyrie (welche auf einem Leberdefekt beruht) ist einerseits gekennzeichnet durch akute kolikartige Bauchschmerzen (an welchen der Monarch wiederholt litt), andererseits durch neurologisch-psychiatrische Symptome, die zuweilen psychotischer Natur sind. In einer Haaranalyse bei George III. wurden ungewöhnlich hohe Konzentrationen von Arsen gefunden (welches damals oft Bestandteil von Medikamenten war – auch solchen, die der König einnahm – und nachgewiesenermaßen in den Häm-Stoffwechsel eingreift). Daher ist die Annahme nicht von der Hand zu weisen, dass der »mad king«, in dessen Ahnenreihe wiederholt klinische Symptome der Porphyrie auftraten, ebenfalls an diesem genetischen Defekt litt, der, medikamentös induziert, zu dem geschilderten dramatischen Krankheitsbild geführt haben dürfte (Cox et al. 2005).

2.4 Die progressive Paralyse und ihre (mutmaßlichen) Opfer

2.4.1 Syphilis (Lues): Die Krankheit und die Geschichte ihrer Erforschung

Die Syphilis (in medizinischer Terminologie: Lues venerea oder kürzer: Lues) ist eine Erkrankung, die allen augenblicklichen humanmedizinischen Erkenntnissen nach ausschließlich von Mensch zu Mensch übertragen wird, und zwar so gut wie immer über Schleimhäute, d. h. im typischen Fall durch im weiteren Sinne sexuellen Kontakt.

> Möglich ist auch die Übertragung von der Schwangeren auf den Fetus (Lues connata). Bei keiner berühmten Persönlichkeit ist das Vorliegen von Lues connata sicher nachgewiesen; diskutiert wird dies allerdings bei Carlos II., dem letzten der spanischen Habsburger (▶ Exkurs auf S. 17).

Syphilis ist daher neben der Gonorrhoe (»Tripper«) die wichtigste Geschlechtskrankheit – wenn man die HIV-Infektion mit ihren komplizierten Übertragungswegen hier nicht berücksichtigt. Erreger ist das erst 1905 entdeckte Treponema pallidum (Spirochaeta pallida), ein längliches Bakterium, das höchstwahrscheinlich aus der Neuen Welt eingeschleppt wurde, denn erst seit etwa 1500 wurden unter dem Namen Franzosenkrankheit entsprechende Fälle beschrieben – dann aber gleich in großer Zahl. Im 19. Jahrhundert, dem hier vornehmlich betrachteten Zeitraum, war die Syphilis ausgesprochen häufig, mit großer Sicherheit auch in den Jahrhunderten davor.

Einige Wochen nach dem sexuellen Kontakt mit einer infizierten Person kommt es an der Eintrittsstelle (Penis, Vagina, After, Mund) typischerweise zu einem schmerzarmen, eine farblose Flüssigkeit absondernden Geschwür (Ulcus durum, harter Schanker). Dieser »Primäraffekt« verschwindet im Allgemeinen auch ohne Therapie nach einigen Monaten, und dessen Vorhandensein wird daher häufig wieder vergessen. Länger bleiben die obligatorischen regionalen Lymphknotenschwellungen bestehen. In diesem Lues I genannten Stadium (Primärstadium) ist die Person hochinfektiös und bleibt vielfach für den Rest ihres Lebens mit den Spirochäten infiziert.

Unbehandelt tritt einige Wochen später das Sekundärstadium der Syphilis (Lues II) ein, welches durch Hautveränderungen unterschiedlichster Art und diverse Lymphknotenschwellungen gekennzeichnet ist. Zuweilen wird über Kopfschmerzen und Gelenkbeschwerden geklagt. Auch diese, eher wenig beeinträchtigenden Symptome verschwinden meist nach gewisser Zeit, können aber über einige Jahre unter etwas veränderter Gestalt rezidivieren. Die Person ist auch jetzt noch sehr ansteckend. Mittlerweile haben sich die Erreger in mehr oder weniger großer Zahl im Körper festgesetzt. Gleichwohl können weitere Manifestationen dauerhaft oder wenigstens für lange Zeit ausbleiben, insbesondere wenn eine adäquate Behandlung erfolgt – was mit Penicillin mittlerweile kein Problem mehr darstellt. Aber auch ohne diese ist der eigentliche Krankheitsprozess nicht selten letztlich abgeschlossen.

Bei einem beträchtlichen Prozentsatz der nicht Behandelten geht jedoch einige Jahre oder Jahrzehnte nach der Infektion die Lues schließlich in ein drittes Stadium über (Lues III oder tertiäre Lues), bei dem sich die Erreger auf weitere Organe ausgebreitet haben, insbesondere sogenannte Gummen bilden, gummiartige verhärtete Knoten, die speziell an der Haut auffallen, gleichzeitig aber im Auge und in inneren Organen (z.B. Magen, Leber, Speiseröhre) entstehen, zudem in Knochen, Muskeln und Gehirn (bzw. seinen Häuten) wachsen. Auch Hörstörungen und Schwindel (Folge von vermutlich entzündlichen Vorgängen im Innenohr) werden beschrieben. So wird etwa diskutiert, ob Beethovens früh einsetzende Schwerhörigkeit syphilitischer Natur war; allerdings spricht einiges gegen diese Annahme (▶Kap. 2.4.2). In diesem Stadium sind die Symptome oft stark ausgeprägt; mittlerweile ist jedoch die von den Patienten ausgehende Ansteckungsgefahr deutlich geringer.

Im Kontext dieses Buchs von besonderer Relevanz ist die Lues IV (Neurolues oder Neurosyphilis, zuweilen Metalues genannt), in welchem die Erreger das Zentralnervensystem befallen haben. In dieses Stadium gerät letztlich ein eher geringer Anteil der Betroffenen, und das oft erst ein bis zwei Jahrzehnte nach Erstinfektion. Es kommt dann häufig zu einer chronischen Entzündung von Rückenmark und Gehirn. Hier findet sich charakteristischerweise das Argyll Robertson-Phänomen der »reflektorischen Pupillenstarre« (▶Glossar). Den Veränderungen des Rückenmarks entspricht die Tabes dorsalis (Rückenmarksschwindsucht), die mit starken Schmerzen und oft Lähmungen einhergeht.[5]

---

5 Tabes dorsalis hatte Heinrich Heine, der von seiner »Matratzengruft« spricht, auf (oder in) welcher er die letzten Jahre seines Lebens verbrachte und nur insofern ein leidlich erträgliches Dasein führen konnte, als er Opium durch eine künstliche Wunde am Hals zugeführt bekam. Offenbar litt er jedoch nicht auch an progressiver Paralyse mit vornehmlich psychischen Symptomen. An Tabes dorsalis verstarben laut Bankl (2005, S. 216 ff.) zudem die Dichter E.T.A. Hoffmann und Christian Dietrich Grabbe, ebenso die Maler Edouard Manet und Hans Makart.

Das Symptombild bei Befall des Gehirns wird progressive Paralyse (fortschreitende Lähmung) genannt und ist durch ausgeprägte psychische Auffälligkeiten wie depressive, manische oder paranoide Symptomatik, häufig Größenwahn und zunehmende intellektuelle Einschränkungen gekennzeichnet, nicht selten allerdings durch extreme Leistungsfähigkeit und Produktivität (s. unten). Der Übergang in ein auffälliges Verhalten mit Verwirrtheit und zuweilen extremer Aggressivität geschieht oft plötzlich (der »paralytische Zusammenbruch«). Im Stadium der progressiven Paralyse findet sich auch mehr oder weniger ausgeprägt eine neurologische Symptomatik: epileptische Anfälle, Kopfschmerzen, Verschlechterung des Sehvermögens oder gar Blindheit, Artikulationsstörungen, Sprachprobleme bis zum vollkommenen Verlust des Wortverständnisses und der Redefähigkeit, »Schlaganfälle«. Dieses Stadium des zunehmenden »Dahindämmerns« (welches in ICD-10 »Demenz bei Neurosyphilis« genannt wird) kann viele Jahre dauern. Von der Primäraffektion, dem Ulcus durum, bis zum Tod zieht sich die Krankheit – sofern sie un- oder nicht ausreichend behandelt bleibt – ein bis zwei Jahrzehnte, selten länger, hin.

Die Zusammenhänge zwischen den genannten neuropsychiatrischen Krankheitsbildern und der Syphilisinfektion waren lange nicht klar, obwohl schon renommierte Nervenärzte des ausgehenden 19. Jahrhunderts die Tabes dorsalis und progressive Paralyse als eine Spätform der Lues ansahen. Erst Richard Freiherr von Krafft-Ebing, Professor der Nervenheilkunde in Wien, konnte kurz vor der Wende zum 20. Jahrhundert zeigen, dass progressive Paralytiker sich mit eingebrachten Syphiliserregern nicht infizierten, also bereits Immunität besitzen mussten. Der endgültige Beweis erfolgte schließlich um 1905, als der Erreger Spirochaeta pallida als Verursacher des Primäraffekts entdeckt wurde und sich typischerweise im Gehirn von an progressiver Paralyse Verstorbenen nachweisen ließ. Insofern ist die Diagnose bei allen im Folgenden beschriebenen, vor 1900 verstorbenen Persönlichkeiten nie streng zu beweisen – bei den meisten jedoch die mit Abstand wahrscheinlichste zur Erklärung der gezeigten Symptomatik.

Sehr bald nach Auftauchen der »Lustseuche«, schon im 16. Jahrhundert, entwickelte man mit Quecksilberpräparaten, z. B. lokal aufzubringenden Tinkturen, eine vergleichsweise effektive, aber auch sehr nebenwirkungsreiche Behandlung der Hauterscheinungen. Bei Franz Schubert war – möglicherweise infolge der Quecksilberbehandlung – die Kopfhaut in so schrecklicher Weise entstellt, dass er zeitweise eine Perücke tragen musste. Viele Syphilitiker sind dann nicht eigentlich an dieser Krankheit gestorben, sondern – durch die Quecksilberkuren geschwächt – beispielsweise an der damals sehr verbreiteten Tuberkulose. Erst ab 1910 gab es effizientere Therapien, von denen aber die hier beschriebenen Personen nicht mehr profitieren konnten (▸ Glossar unter Syphilis [Behandlung]).

Wie erwähnt, wird nicht selten eine auffällige Kreativität beschrieben (manisch-euphorisches Syndrom mit gehobener Stimmung und gesteigerter Aktivität [expansiv-agierte Verlaufsform], Rededrang, der erwähnte Größenwahn), bevor die zunehmende demenzielle Symptomatik eintritt – allerdings kann anstelle der initialen Manie auch eine Depression oder Verfolgungswahn auftreten oder der intellektuelle Abbau ohne psychiatrische Vorboten einsetzen.

2.4.2 Berühmte (mutmaßliche) progressive Paralytiker und andere Syphilis-Patienten

Franz Schubert (1797–1828)

Vorbemerkungen

Franz Schubert (▶ Abb. 3) ist zweifelsohne einer der bekanntesten Komponisten des deutschen Sprachraums und war von außergewöhnlicher Produktivität: In seinen knapp 31 Lebensjahren schrieb er ähnlich viele Symphonien wie Beethoven, Bruckner oder Mahler, denen ein deutlich längeres Leben beschieden war. Hinzu kommen zahlreiche religiöse Werke, natürlich sein *Ave Maria*, dazu eine Reihe von Mes-

Abb. 3 Franz Schubert. Lithographie von Kriehuber (1846)

sen, von denen die *Deutsche Messe* die bekannteste sein dürfte. Weiter sind seine Liedkompositionen zu nennen, so die Vertonung des *Erlkönigs* und *Heideröslein* nach Gedichten Goethes, *Die Forelle* und natürlich die Zyklen *Winterreise*, *Die schöne Müllerin* und *Schwanengesang*. Schubert schrieb mehr Klaviersonaten als Beethoven, und einige seiner kammermusikalischen Werke gehören zu den am meisten in der Welt gespielten, insbesondere das *Forellenquintett* sowie das Streichquartett *Der Tod und das Mädchen*. Dass er 14 Opern schrieb, die heute allerdings so gut wie gar nicht mehr aufgeführt werden, sei nur am Rande erwähnt.

Weitgehend zweifelsfrei ist, dass er an Syphilis litt; ob er allerdings daran starb oder ob Typhus abdominalis seinem kurzen Leben ein Ende setzte, ist umstritten. Letzteres ist wahrscheinlicher, und insofern gehörte Schubert eigentlich nicht in dieses Subkapitel. Wenn sein Name hier dennoch auftaucht, so mit der Absicht, in das spekulative Wirrwarr um seinen Tod etwas Licht zu werfen.

Leben und Werk

Franz Schubert wurde als Sohn eines Lehrers in einer Wiener Vorstadt geboren – eines von 14, nach anderen Angaben sogar von 17 Kindern, von denen allerdings die wenigsten mehr als einige Jahre lebten. Nach einer längeren Ausbildung am »Stadtkonvikt« in Wien, wo er seiner sängerischen Fähigkeiten wegen aufgenommen wurde und er eine gründliche Ausbildung in musischen Fächern erhielt, hinsichtlich anderer Disziplinen jedoch wenig Interesse und Erfolg zeigte, verließ er dieses vorzeitig, versuchte sich lustlos in diversen Tätigkeiten (darunter als Hilfslehrer), widmete sich dann aber zunehmend dem Komponieren. Dieses brachte ihm wenig ein – seine Werke wurden lange überhaupt nicht gedruckt, und seine Bemühungen, im musikalischen Bereich eine geregelte Anstellung zu finden, scheiterten kläglich. Immerhin hatte er offenbar nicht wirkliche

Existenzsorgen wie beispielsweise Smetana (s. unten), welcher Eintrittskarten erbetteln musste, um zwischendrin die eine oder andere seiner eigenen Kompositionen zu hören. In der großen und einflussreichen Musikwelt war Schubert zu Lebzeiten kaum anerkannt. Seine berühmte 8. Symphonie in h-Moll, *Die Unvollendete*, 1822 geschrieben, wurde fast vier Jahrzehnte nach dem Tod ihres Schöpfers zum ersten Mal aufgeführt. Sehr bald schon jedoch hatte er eine Reihe von lokalen Anhängern und Freunden, darunter den Maler Moritz von Schwind und den Dichter Franz Grillparzer. Auch bildete sich, vornehmlich wohl in Begeisterung für Schuberts Lieder, eine Art junger Fangemeinde (»Schubertianer«), die mit dem Meister in Hauskonzerten und auf Landpartien musizierte (Schneider 1958). Dass darunter junge Frauen waren, die sich dem körperlich wenig attraktiven, extrem kleinwüchsigen, aufgedunsenen und hygienisch zunehmend verwahrlosenden Schubert nicht unbedingt verweigerten, ist anzunehmen. Diese kunstsinnigen und lebenslustigen Damen dürften allerdings auch andere Liebhaber gehabt haben und waren daher wirkungsvolle Verbreiterinnen von Treponema pallidum. Bereits 1823 wurden bei Schubert eindeutige Symptome der Syphilis diagnostiziert, worauf zahlreiche Schwankungen von körperlichem Befinden und psychischem Zustand folgten. Diese taten allerdings seiner Schöpfungskraft keinen Abbruch; so wurden danach u. a. die drei erwähnten Liedzyklen komponiert. Gegen Ende des Jahres 1828 traten akut intensive Verdauungsbeschwerden auf, die tatsächlich am ehesten dem Typhus abdominalis entsprachen, der offiziellen Ursache für seinen Tod mit gerade 31 Jahren.

Krankengeschichte

Dass Schubert an Syphilis litt, mindestens seit 1823, wohl eher Ende 1822, also seit dem Alter von etwa 26 Jahren, ist unstrittig. Zwar weiß man nichts Genaueres über den Primäraffekt, doch die Hautzeichen von Lues II sind gut dokumentiert. Ende 1823 berichtet Moritz von Schwind:

»Schubert ist besser, es wird nicht lange dauern, so wird er wieder in seinen eigenen Haaren gehen, die wegen des Ausschlags geschoren werden mußten. Er trägt eine sehr gemütliche Perücke.« (zit. nach Schneider 1958, S. 75)

Ob die Haare wegen darunter liegender Hautveränderungen geschoren werden mussten oder von sich aus ausfielen (als Symptom von Lues II) oder ob der Ausfall Folge der Quecksilberbehandlung war, lässt sich nicht mehr klären (s. Hilmar u. Jestremski 1997, S. 251 f.). In jedem Fall waren die ersten Lues-Stadien für den Komponisten eine schwere, sich weit über ein Jahr hinziehende Erkrankung, welche auch einen längeren stationären Aufenthalt erforderte. Danach ging es Schubert besser, wenngleich er sehr deprimiert war und im Bewusstsein seiner Infektiosiät offenbar alle weiteren intimen Kontakte mied. Bald traten auch Knochen- und immer stärkere Kopfschmerzen auf, die schon auf eine tertiäre Syphilis hindeuten. Ende 1828 stellte sich ein Zustand von Schwäche und Erbrechen ein, an dem Schubert schließlich binnen etwa zwei Wochen starb. Einer der letzten Briefe (zit. nach Gal 1966, S. 171 f.) ging an einen seiner ältesten Freunde:

»Lieber Schober!
Ich bin krank. Ich habe schon 14 Tage nichts gegessen und getrunken und wandle matt und schwankend von Sessel zu Bett und zurück (…). Wenn ich auch was genieße, so muss ich es gleich wieder von mir geben.
Sei so gut, mir in dieser verzweiflungsvollen Lage durch Lektüre zu Hilfe zu kommen. Von Cooper habe ich gelesen: *Der Lederstrumpf* (…). Solltest Du vielleicht noch etwas von ihm haben, so beschwöre ich Dich, mir solches (…) im Kaffeehaus zu deponieren. Mein Bruder (…) wird solches am gewissenhaftesten mir überbringen. Oder auch etwas anderes.
Dein Freund
Schubert«

Es ist der Brief eines körperlich kranken Mannes, ohne psychische Auffälligkeiten der Lues IV, wie sie sich bei Nietzsche am deutlichsten äußerten (s. unten). Alle Symptome passen zu Typhus abdominalis, der seinerzeit ausgesprochen verbreitet war (so starb beispielsweise Prinz Albert, der Ehemann der Queen Victoria, an Typhus) und besonders Personen traf, die in wenig gepflegten Verhältnissen leben mussten.

Möglicherweise, sehr wahrscheinlich sogar, wurde der Verlauf der Erkrankung durch die begleitende Syphilis und die aggressive Quecksilberbehandlung negativ beeinflusst. So gut wie sicher ist jedoch, dass Schubert nicht wie Smetana oder Nietzsche an progressiver Paralyse gestorben ist, die ihn sonst vielleicht einige Jahre später auch befallen hätte.

Robert Schumann (1810–1856)

Vorbemerkungen

Zu kaum einer Krankengeschichte dürfte so viel publiziert worden sein wie zu der Robert Schumanns (▶ Abb. 4). Nicht nur liegen zahlreiche Monografien dazu vor sowie ein ausführlicher Artikel im Deutschen Ärzteblatt – auch der gesamte Befundbericht seiner zwei letzten Lebensjahre wurde publiziert (Robert-Schumann-Gesellschaft 2006), inklusive des Sektionsprotokolls. Dennoch ist man sich über die Ursache seines späten abnormen Verhaltens und seines frühen Todes im Unklaren. Das liegt daran, dass die akribische Beschreibung sich bedauerlicherweise nur auf die Klinikjahre nach Schumanns missglücktem Selbstmordversuch im Rhein bezieht und dass das Sektionsprotokoll mit seiner Diagnose »Hirnerweichung« allen Spekulationen Raum bietet, während die Entwicklung der Störung mit ihren ersten Symptomen nie fachmännisch dokumentiert ist.

Abb. 4 Robert Schumann in seinem 30. Lebensjahr nach einer Lithografie von Kriehuber

Leben und Werk

Robert Schumann wurde in Zwickau (Sachsen) geboren und war während seiner Gymnasialzeit allen Berichten nach ein fleißiger und hoch begabter Schüler. Dass er in Leipzig mit dem Studium der Rechtswissenschaft begann, entsprach nicht seiner eigenen Neigung, und ein erfolgreicher Abschluss war nie auch nur in Reichweite. Stattdessen interessierte er sich mehr und mehr für Musik, begeisterte sich speziell für die Werke des seinerzeit nur wenig bekannten Franz Schubert, versuchte sich bald an eigenen Kompositionen und begann Unterricht bei dem bekannten Leipziger Klavierlehrer Friedrich Wieck zu nehmen, der Schumanns Begabung rasch erkannte. Allerdings nahm die verheißungsvolle Pianistenkarriere rasch ein Ende, als eine Lähmung der rechten Hand auftrat – der Erkrankte selbst hatte sie erzeugt, indem er durch eingreifende mechanische Maßnahmen versuchte, den seines Empfindens nach »trägen« rechten Ringfinger in seiner Funktionsfähigkeit zu verbessern. Nicht nur dies verschlechterte die Beziehung zu Friedrich Wieck, sondern noch mehr, dass Schumann sich in dessen 13-jährige Tochter Clara verliebte, die sich im Laufe der Jahre mehr und mehr zu einer hochrangigen Klaviervirtuosin entwickelte. Trotz erwiderter Liebe kam die Heirat nach langem Rechtsstreit erst 1840 zustande – die Braut war 19, der Bräutigam 30 Jahre alt.

Schumann widmete sich mittlerweile zunehmend der Musiktheorie und eigenen Kompositionen, erwarb sich (anders als beispielsweise Schubert und Smetana) rasch erhebliche Reputation: Mendelssohn-Bartholdy, Wagner und insbesondere Johannes Brahms zählten zu seinem engen Bekannten- oder sogar Freundeskreis. Brahms war es auch, der Schumann am häufigsten Besuche in der psychiatrischen Klinik abstattete; andererseits kursiert das Gerücht, dass Brahms mit Robert Schumann nicht nur eine Männerfreundschaft unter musikalisch höchst Begabten verband, sondern dass sein Interesse sich auch auf die 14 Jahre ältere Clara richtete. Diese Zuneigung wurde zumindest freundschaftlich erwidert. Nicht ganz von der Hand zu weisen ist die Vermutung, dass das letzte Kind der Ehe nicht von Schumann, sondern von Brahms gezeugt wurde. Clara Wieck heiratete nach dem Tod ihres Gatten nicht mehr, sondern widmete sich ihrer Karriere als Pianistin. Brahms – mittlerweile in Wien – starb als Junggeselle.

Nach mehreren Stellen wurde Robert Schumann 1850 schließlich städtischer Musikdirektor in Düsseldorf. Drei Jahre später gab er – gerade 43 Jahre alt – diesen Posten wegen gesundheitlicher Probleme auf. 1854 stürzte er sich in einer kalten Winternacht von der Oberkasseler Brücke in den Rhein, wurde jedoch gerettet und auf eigenes Betreiben in die Klinik Endenich bei Bonn eingeliefert, wo er noch zwei Jahre lebte.

Obwohl Schumann nach wie vor unter Musikliebhabern einen gewissen Namen hat, gibt es letztlich kaum allgemein bekannte Werke von ihm – am ehesten noch seine 3. Symphonie (die »Rheinische«), sein Klavierkonzert in a-Moll sowie einige Klavierkompositionen und diverse Lieder (speziell nach Gedichten Eichendorffs und Heines).

Krankengeschichte

Als Schumann 1840 mit 30 Jahren die Vermählung mit Clara Wieck gerichtlich durchsetzte, war er mit Sicherheit kein sexuell unbeschriebenes Blatt. Von zwei vorangegangenen offiziellen Liaisons bzw. Verlobungen wurde berichtet, und das dürfte diesbezüglich nicht alles gewesen sein. Eine Ansteckung mit Syphilis wäre also nicht auszuschließen; immerhin gibt es entsprechende Hinweise (Franken 2006, S. 446; Bäzner u. Hennerici 2010, S. 66).

Schon 1842 notierte Schumann selbst »Schwindelanfälle« und »große Nervenschwäche«, und 1845 – so Skubella (1999, S. 2521) – »kamen beängstigende Hörstörungen hinzu, er vernahm ein beständiges Singen und Brausen im Ohr«. Im Februar 1854 – kurz vor dem Selbstmordversuch – »traten akustische Halluzinationen auf«.

»Schumann stand nachts auf und notierte ein Thema, welches ihm die Engel vorsangen. Am Morgen verwandelten sich die Stimmen in ein gräßliches Gekreisch von Dämonen, die sich auf den Kranken zu stürzen drohten.« (ebd.)

Es ist bemerkenswert, dass bei Smetana, dessen Lues autoptisch gesichert ist, sehr ähnliche Symptome auftraten (s. unten). Einige Tage später erfolgten der – leider nie durch eindeutige Zeugenaussagen dokumentierte – Sprung in den Rhein und Schumanns Einlieferung in die Heilanstalt Endenich, wo die Symptome des prominenten Patienten genau protokolliert wurden (wenn auch nicht mit jener neurologischen Akribie, etwa Gestalt und Reaktion der Pupillen betreffend, wie man sie erwarten würde). Immerhin erfährt man, dass der Patient wenige Wochen vor seinem Tod »wegen Tobsuchtsanfällen« in die »Tobezelle der Anstalt« eingewiesen werden musste. Wie unten ausgeführt, wurden sowohl bei Smetana als auch bei Nietzsche ähnliche Anfälle dokumentiert.

Clara Schumann besuchte – da Ärzte davon abrieten – ihren Gatten während seines über zweijährigen Klinikaufenthalts nur ein einziges Mal, nämlich kurz vor seinem zu erwartenden Tod, und zwar in Begleitung von Johannes Brahms. Der Bericht von der Obduktion, welche wenige Stunden nach Todeseintritt durchgeführt wurde, ist zwar hinsichtlich der Befunde sehr detailliert, in puncto Diagnose jedoch auffällig vage (Robert-Schumann-Gesellschaft 2006, S. 401f.). Immerhin stimmen die Veränderungen (Entzündungen im Bereich des basalen Gehirns, Schwund der Substanz) durchaus mit den bei progressiven Paralyse beobachteten Besonderheiten überein.

Berichtenswert ist zudem, dass mehreren Zeitgenossen die auffällig geweiteten Pupillen auffielen – das für die Syphilis spezifische Argyll Robertson-Phänomen der reflektorischen Pupillenstarre ist zwar nirgends dokumentiert, wurde aber offensichtlich auch nie eigentlich überprüft. Im Klinikbericht ist häufiger von Anisokorie, also ungleich großen Pupillen, die Rede.

Peters (2009, 2010) bezweifelt in einer schwer nachvollziehbaren Argumentation generell die Diagnose Syphilis und geht von einer alkoholbedingten psychischen Störung aus. Doch ist die Diagnose »Spätstadium der Syphilis« mit Abstand am wahrscheinlichsten. Zwar finden sich bei Schumann nicht der vor dem »paralytischen Zusammenbruch« – den wir hier mit dem Sprung von der Rheinbrücke ansetzen wollen – häufige (bei Nietzsche besonders auffällige) Größenwahn und die gesteigerte Produktivität, sondern eher eine melancholische Symptomatik – doch alles andere passt geradezu lehrbuchhaft zur progressiven Paralyse (Skubella 1999; Franken 2006). Diese ist angesichts ihrer damaligen Häufigkeit ohnehin das, was man am ehesten bei einer Person in Betracht ziehen sollte, welche Mitte des 19. Jahrhunderts 46-jährig in »geistiger Umnachtung« starb.

Friedrich Smetana (1824–1884)

Vorbemerkungen
Smetana, dessen ursprünglicher Taufname Friedrich war und der sich erst später, in Rückbesinnung auf seine Wurzeln, Bedřich nannte, gilt als der Schöpfer der tschechischen Nationalmusik. In seinem Heimatland hoch verehrt, werden seine Kompositionen hierzulande eher selten gespielt, am ehesten natürlich *Die Moldau* und die Oper *Die verkaufte Braut*, wohingegen seine anderen Werke, beispielsweise die dort sehr geschätzte Oper *Libuše* (geradezu die tschechische Nationaloper), im deutschen Opernrepertoire kaum auftaucht.

Gleichwohl besitzt Smetana (▸Abb. 5) eine gewisse Bekanntheit, und seine Lues, deren Verlauf gut dokumentiert wurde und die auch durch eine Autopsie gesichert werden konnte, ist insofern äußerst lehrreich, als sie mit den ausgeprägten Gehörstörungen an die Symptome bei Beethoven erinnert, dessen eigentliche Krankheit umstritten bleibt (s. unten).

Leben und Werk
Friedrich (Bedřich) Smetana wurde 1824 in Lytomyšl (Leitomischl; ca. 100 Kilometer östlich von Prag) geboren, einer Kleinstadt der k. u. k. Monarchie. Die Bevölkerung

Abb. 5 Friedrich Smetana

dort war zwar vornehmlich tschechischen Ursprungs, versuchte sich aber – zumindest die oberen Schichten –, an die österreichisch-deutsche Leitkultur anzupassen. Die Familie Smetana war nicht unvermögend, und Friedrich konnte daher eine recht unbeschwerte Jugend verbringen, gefördert besonders in der Musik, nachdem sein Vater selbst diesbezügliche Interessen und offenbar gewisse Begabung hatte (Honolka 1978, dem auch die weitere Darstellung im Wesentlichen folgt). Zunächst in Prag, dann in Pilsen, dann wieder in Prag widmete sich Smetana mehr und mehr der Musik, was ihn in wachsende finanzielle Schwierigkeiten brachte. Tatsächlich bestimmten den Rest seines Lebens zunehmend Geldsorgen, nicht weil er faul oder unbegabt oder verschwenderisch war, sondern weil er es nicht verstand, »mit seinen Talenten zu wuchern«, stattdessen zur Existenzsicherung schlecht dotierte und wenig befruchtende Lehrtätigkeiten aufnahm und als Komponist und Opernschreiber unlukrative Knebelverträge abschloss. 1883, kurz vor Ende seines Lebens, ausnahmsweise wieder einmal Prag besuchend und tief deprimiert, schrieb er an seine Frau:

»Jetzt erst sehen sie, dass meine Opern der Theaterkasse so viel einbrachten, dass sie das ganze Theater erhielten, das Schauspiel und das Singspiel. ›Die verkaufte Braut‹ brachte der Genossenschaft den kolossalen Betrag von 50 000 Gulden. (…) Mich fertigen sie mit 92 Gulden ab, mich, der ich die Ursache bin, dass die Oper überhaupt existiert.« (zit. nach Honolka 1978, S. 137)

Und in einem anderem Brief wenig später:

»Ich habe jetzt soviel für mich, dass ich mir kaum ein Stücken Brot kaufen könnte (…) von der Gage von 91 Gulden bleiben mir jeden Monat 6 Gulden.« (ebd., S. 137)

Der Autor Honolka rät allerdings, diese Klagen »nicht wörtlich« zu nehmen, und fügt hinzu: »Der kranke Mann hatte kein Verhältnis zur Realität mehr«.

Hauptsächlich schlug sich Smetana als Hauslehrer und mittels privaten Musikunterrichts durch – eine Pianistenkarriere scheiterte früh. Zu den finanziellen Problemen kamen private Schicksalsschläge: Zwar gelang es ihm, seine große Liebe zu heiraten, aber von den vier rasch aufeinander geborenen Töchterchen starben drei noch vor Erreichen des Schulalters, seine Frau litt zunehmend unter Tuberkulose. Trotzdem ging Smetana (zunächst allein) nach Göteborg in Schweden – wohl auch, um den politischen Verhältnissen seiner Heimat zu entkommen –, wurde mit besserer Bezahlung als je zuvor Direktor eines Musikvereins und leitete eine private Musikschule. Später holte er die einzige kleine Tochter und seine Frau nach Schweden, welche aber nach zwei Jahren todkrank in Richtung Böhmen zurückgebracht wurde, wobei sie noch auf der Reise starb. Smetana heiratete zum zweiten Mal, nahm auch die neue Ehefrau mit nach Göteborg, zeugte einige Kinder mit ihr. Anfangs war die Ehe wohl recht glücklich, bis eine zunehmende Entfremdung eintrat, sicher zum Teil als Folge der einsetzenden Erkrankung des Komponisten. 1861 war das Paar – nachdem die politischen Verhältnisse sich liberaler und weniger österreichisch-deutsch-nationalistisch entwickelten – nach Prag zurückgekehrt. Mittlerweile wurden dort auch mehr tschechische Werke aufgeführt, und schließlich entstand sogar ein (bescheidenes) tschechisches Theater, wo Smetana die Stelle des Kapellmeisters erhielt; dass sich dann rasch eine böhmische (tschechische) Musikkultur entwickelte, die noch heute Weltruf hat, ist weitgehend sein Verdienst.

Nun kamen auch Kompositionen von ihm zur (anfangs wenig Geld einbringenden) Aufführung, während *Die verkaufte Braut*, 1866 uraufgeführt, ein Publikumsliebling wurde – wovon der Komponist am wenigsten profitierte. Immerhin hatte Smetana jetzt ein gewisses Renommé: Seine Oper *Dalibor* wurde zur Feier der Grundsteinlegung des Nationaltheaters uraufgeführt, jenes prachtvollen Gebäudes, welches auf der Altstädter Seite direkt an der Moldau gegenüber dem Hradschin liegt. Als dieses schließlich 1881 in Gegenwart des Thronfolgers Erzherzog Rudolf eingeweiht wurde, kam Smetanas *Libuše* zur Uraufführung, jene Oper, welche die Geschichte der sagenhaften Königstochter, der Gründerin Prags, zum Thema hat und eine ungemein identitätsstiftende Wirkung auf die tschechische Bevölkerung hatte (auch heute noch oft zu besonderen staatlichen Anlässen aufgeführt wird). Smetana selbst wohnte der Aufführung zwar bei, war aber mittlerweile völlig ertaubt (s. unten). Dies zwang ihn auch, die Stelle als

Kapellmeister aufzugeben, immerhin unter weiterem Erhalt gewisser Bezüge. Trotzdem wurde die finanzielle Situation zunehmend prekärer, sodass sich der Komponist entschloss, aus dem geliebten, aber teuren Prag aufs Land zu seiner Tochter aus erster Ehe und deren Mann zu ziehen. Dort komponierte er trotz der Hörschädigung mit quälenden Ohrgeräuschen und Schwindelanfällen weiter und vollendete den Orchesterzyklus *Mein Vaterland* (*Má vlast*), der auch heute noch im Ausland aufgeführt wird und betont böhmische (bzw. tschechische) Themen musikalisch verarbeitet.

In seinen letzten Jahren musste Smetana noch erleben, wie seine Musik immer weniger Anklang, auch unter Landsleuten, fand und wie er zunehmend gegenüber anderen Komponisten, etwa seinem Zögling Antonin Dvorák, zurückgesetzt wurde. Im April 1884 begann der offensichtliche Irrsinn, welcher schließlich eine Einweisung in die »Landesirrenanstalt« in Prag erforderte. Kaum einen Monat später verstarb er – anders als Nietzsche, der noch über ein Jahrzehnt nach seinem »paralytischen Zusammenbruch« dahindämmerte. Immerhin erhielt Smetana, ohne den die tschechische Musik nie annähernd ihre Bedeutung erlangt hätte, ein feierliches Begräbnis: Er wurde in der Theynkirche am Altstädter Ring ausgesegnet und auf dem Friedhof der sagenträchtigen Burg Vyšehrad bestattet.

Krankengeschichte

Sicher ist, dass Smetana an Lues erkrankte. Der Befund der Obduktion und auch die Symptomatik der letzten Monate in der »Landesirrenanstalt« passen sehr gut zu einer progressiven Paralyse. Offenbar passierte die Ansteckung sehr spät – nicht, wie man vermutet hätte, in einem Bordell der Hafenstadt Göteborg, sondern erst im Alter von 50 Jahren. In den »tagebuchartigen Aufzeichnungen« steht laut Bankl (2005, S. 11) am 30. April 1874: »*Seit dem 12. April bin ich mit einem Eitergeschwür krank.«* Zwar wird nichts über die Lokalisation gesagt, jedoch spricht die verzögerte Heilung für einen Primäraffekt, umso mehr, als wenige Monate später Symptome erscheinen, die auf das Stadium Lues II deuten, insbesondere Hautveränderungen. Mit Datum vom 14. Juli heißt es: *»Ich bekam einen Ausschlag auf dem Körper.«* Nur wenig später, noch im selben Jahr, traten Gehörstörungen und Schwindelanfälle auf. So sah sich Smetana gezwungen, an den Direktor der Theatergenossenschaft zu schreiben:

»Es ist meine Pflicht, Sie von dem harten Schicksalsschlag zu unterrichten, der mich getroffen hat: es ist zu befürchten, dass ich vielleicht mein Gehör einbüße. Schon im vergangenen Juli, gleich nach der öffentlichen Probe, bemerkte ich, dass ich in einem Ohre die Töne der höheren Oktaven anders gestimmt höre als im anderen Ohre und dass es mir zeitweise in den verlegten Ohren zu brausen beginnt, als stünde ich in der Nähe eines starken Wasserfalles. Dieser Zustand änderte sich ständig, aber schon Ende Juli blieb es permanent, und es traten Schwindelanfälle hinzu, sodass ich zu schwanken begann, und mich beim Gehen nur mit Anstrengung im Gleichgewicht erhalten konnte. Das waren traurige Ferien! Ich eilte nach Prag zurück, um mich von Dr. Zoufal, dem berühmten Ohrenspezialisten, behandeln zu lassen. Ich stehe bis heute in seiner Behandlung. Er untersagt mir jedwede Tätigkeit in der Musik; ich darf nicht spielen und darf und kann auch niemand spielen hören. Große Tonmassen verdichten sich mir zu einem Knäuel und ich kann die einzelnen Stimmen nicht auseinanderhalten. Und so bitte ich Sie denn, Herr Doktor (…), mich auf unbestimmte Zeit meiner Verpflichtung, zu dirigieren und Proben abzuhalten, entheben zu wollen, da ich diesen Dienst vorläufig nicht versehen kann. Wenn sich mein Zustand im Laufe des weiteren Vierteljahres verschlimmern sollte, wäre ich gezwungen, wie es sich von selbst versteht, meine Stellung am Theater aufzugeben, und mein trauriges Los auf mich zu nehmen.« (zit. nach Honolka 1978, S. 101 f.)

Die Verschlimmerung trat bald ein, denn wenige Wochen später wurde Smetana auch auf dem anderen Ohr taub. Trotzdem komponierte er weiter: So wurden zumindest die letzten Stücke von *Mein Vaterland* erst danach zu Papier gebracht. Einige Jahre später, schon lange auf dem Lande bei seiner Tochter lebend, hatten Smetanas Hörstörungen auch den regelrechten Charakter akustischer Halluzinationen – was nun immer weniger an der Diagnose Metalues oder Lues IV Zweifel ließ:

»Die Taubheit wäre noch ein erträglicher Zustand, wenn es dabei im Kopfe still bliebe. Die größte Qual bereitet mir jedoch das fast ununterbrochene Getöse im Inneren, das mir im Kopfe braust und sich zuweilen bis zu einem stürmischen Rasseln steigert. Dieses Dröhnen durchdringt ein Gekreische von Stimmen, das mit einem falschen Pfeifen beginnt und bis zu einem furchtbaren Geschrei ansteigt, als ob Furien und alle bösen Geister mit wütendem Gekreische auf mich losfahren würden. In diesen höllischen Lärm mischt sich dann das Geschmetter falsch gestimmter Trompeten und anderer Instrumente, und das alles übertönt und stört meine eigene Musik, die in mir gerade aufklang oder aufklingt. Es bleibt mir schließlich nichts anderes übrig als meine Arbeit aufzugeben. Oft denke ich verzweifelt, wie das mit mir enden wird.« (Brief aus dem Jahre 1880, zit. nach Honolka 1978, S. 109)

Dieses Ende kam vergleichsweise schnell: Zwar versuchte er sich noch Ende 1883 trotz Schmerzen, »Anfällen« und »Wahnvorstellungen« an einer neuen Oper – doch sie blieb ein Torso. Anfang 1884 begann die finale Symptomatik: Smetana schrieb wirre Briefe, »*lallte sinnlos, zerschlug Fensterscheiben und Mobiliar, bedrohte seine Familienangehörigen gar mit dem Revolver*« – das Verhalten erinnert deutlich an das Nietzsches in seinen letzten Turiner Tagen und in der Klinik in Jena (s. unten). »Schweren Herzens entschloß man sich«, so Honolka (1978, S. 140 f.), »nach einem gefährlichen Tobsuchtsanfall, zur Überführung in ärztlichen Gewahrsam«. Untergebracht wurde Smetana in der Landesirrenanstalt in Prag, wo er noch drei Wochen lebte. In den Schilderungen des behandelnden Arztes hieß es:

»Auf dem Sofa wand sich ein schwatzender Greis. Er war von ganz getrübtem Bewusstsein und dabei sehr unruhig (...). Zum Glück war er nicht kräftig, er wurde leicht überwältigt (...). Lichte Augenblicke hatte er nicht. Nur Ohnmachten und Halluzinationen (...). Körperlich war der Meister Haut und Knochen. Langsam verlöschte er.« (ebd.)

So endete mit gerade 60 Jahren das Leben Friedrich (Bedřich) Smetanas an den Spätfolgen einer Syphilis, die – rechtzeitig behandelt – auch einen ganz anderen Verlauf hätte nehmen können.

Friedrich Nietzsche (1844–1900)

Vorbemerkung

Sicher der bekannteste progressive Paralytiker überhaupt ist Friedrich Nietzsche (▶ Abb. 6). De facto ist dies wenig umstritten, auch wenn es einige Veröffentlichungen gibt, etwa jene von Hemelsoet et al. (2008), die an dieser Diagnose zweifeln. In sehr stringenter Argumentation, wesentlich detaillierter, als es hier geschieht, zeigt jedoch beispielsweise der Schweizer Psychiater Gschwend, wie exakt die von Nietzsche gezeigten Symptome dem typischen Krankheitsbild der Lues entsprechen. Überzeugende Belege für Symptome von Lues I (insbesondere Beschreibungen des Primäraffekts) und für die typischen Hautveränderungen des Sekundärstadiums fehlen allerdings, und der eindeutige Nachweis von Erregern bzw. luestypischen Immunreaktionen waren bis zu Nietzsches Tod nicht möglich, können auch nachträglich nicht mehr erbracht werden. Insofern ist die Diagnose mit einer – m. E. jedoch minimalen – Unsicherheit behaftet.

Dass Nietzsche in diesem Kontext die bekannteste Person ist, hat diverse Gründe. Zum einen ist es so, dass seine Schriften etwa zur Zeit des Eintritts ins terminale Krankheitsstadium zusehends bekannter wurden, zum anderen

Abb. 6 Friedrich Nietzsche

ist der Verlauf gut dokumentiert. Auch ist dies sicher nicht zuletzt der Tatsache geschuldet, dass Thomas Mann in seinem Roman *Doktor Faustus* im Schicksal von Adrian Leverkühn Nietzsches Krankheit meisterlich nachzeichnete (▶ Exkurs auf S. 61 f.).

Leben und Werk

Friedrich Nietzsche wurde 1844 in einem kleinen Ort im heutigen Bundesland Sachsen-Anhalt geboren, und zwar als erster Sohn eines evangelisch-pietistischen Pastors. Friedrichs wenig jüngerer Bruder verstarb mit zwei Jahren, die vier Jahre später geborene Schwester Elisabeth überlebte Nietzsche um mehrere Jahrzehnte und kümmerte sich um seine Pflege, nachdem die Mutter im Jahr 1897 verstorben war. Nietzsches Vater starb früh, nämlich 1850, im Alter von gerade einmal 35 Jahren. Die damals festgestellte Diagnose »Hirnerweichung« als Todesursache ist wenig aussagekräftig. Möglich wäre hier Lues III oder eine progressive Paralyse, was insofern wenig plausibel erscheint, als Pastor Nietzsche sich dann entweder extrem früh infiziert haben müsste oder einen ungewöhnlich kurzen Krankheitsverlauf zeigte. Etwas wahrscheinlicher dürfte eine frontotemporale Demenz sein, noch wahrscheinlicher jedoch ein Schlaganfall. Nietzsches Mutter, die 1889 nach Basel gereist war, um ihren kranken Sohn nach Naumburg (bzw. zuerst Jena) zu holen, berichtete, dass der Vater nach einem Sturz von der Treppe »hirnkrank« gewesen sei (nach Wilkes 2000). Genaueres hierzu referieren Hemelsoet et al. (2008), denen zufolge Pastor Nietzsche obduziert wurde. Die dabei beschriebene Hirnerweichung interpretieren die Autoren als Folge zerebraler Ischämien bei Minderdurchblutung.

Nach Besuch der renommierten Internatsschule Schulpforta an der Saale studierte Friedrich Nietzsche zunächst in Bonn, später in Leipzig Philologie – das gleichzeitig begonnene Studium der Theologie hatte er bereits nach einem Semester zur Enttäuschung seiner Mutter aufgegeben. In diese Zeit, also etwa in das Jahr 1865, muss auch die (vermutete) Syphilis-Infektion gefallen sein, die – folgt man Thomas Mann (1984, S. 25f.), welcher bekanntlich äußerst akribisch mit seinen Quellen umging (in diesem Fall mit den Nietzsche-Erinnerungen von P. Deussen) – in einem Kölner Bordell passierte.

Im Alter von gerade 24 Jahren, unmittelbar nach Abschluss seines Studiums, wurde Nietzsche als außerordentlicher Professur für klassische Philologie an die Universität Basel berufen, leistete aber auf seinem eigentlichen Fachgebiet letztlich kaum Bemerkenswertes. Stattdessen wandte er sich – zunächst unter dem Eindruck der Schriften Arthur Schopenhauers – der Philosophie zu, entwickelte gleichzeitig aber lebhaftes Interesse an der Musik, speziell an der Wagners, phantasierte stundenlang am Klavier, schuf auch eigene Kompositionen, die jedoch nie irgendwelche öffentliche Bedeutung erlangten. Seine Schriften, die weniger regelrechte Abhandlungen darstellen, sondern häufig eher eine Sammlung von Aphorismen, sind nicht einer bestimmten philosophischen Schule zuzuordnen. Wichtigste Schrift aus dieser Zeit, die wenigstens noch etwas Bezug zur Philologie hat, ist *Die Geburt der Tragödie aus dem Geiste der Musik*, daneben *Schopenhauer als Erzieher* sowie *Wagner in Bayreuth*. Von den genannten Vorbildern hatte er sich bald distanziert – Schopenhauer war ihm zu pessimistisch eingestellt, Wagner (mit dem es während eines Besuchs der Bayreuther Festspiele zum offenen Bruch kam) warf er vor, zu sehr christliche Ideale zu verherrlichen. Aus dem frommen Pastorensohn war mittlerweile ein glühender Atheist geworden. An weiteren, etwas später entstandenen Werken sind zu erwähnen: *Menschliches, Allzumenschliches, ein Buch für freie Geister*, zudem *Morgenröte* sowie *Fröhliche Wissenschaft* (alle zu Beginn der 1880er-Jahre).

Schon bald traten deutliche gesundheitliche Probleme auf. 1876 musste Nietzsche einen einjährigen Krankheitsurlaub nehmen und verließ wenig später endgültig die Universität Basel, immerhin mit einer Pension, die ihm ein vergleichsweise gesichertes, wenn auch nicht allzu luxuriöses Leben ermöglichte. Dieses verbrachte er typischerweise im Sommer in Sils Maria bei St. Moritz im Engadin, während der Herbst- und Wintermonate meist in norditalienischen Städten. Weitere Schriften, die noch vor der letzten, besonders produktiven Phase vor dem endgültigen Ausbruch der progressiven Paralyse verfasst wurden, waren das als sein Hauptwerk betrachtete Buch *Also sprach Zarathustra* (1882), zudem *Jenseits von Gut und Böse* (1886) und *Genealogie der Moral* (1887). Auch wenn man in Rechnung setzt, dass Nietzsche keine universitären Verpflichtungen hatte und sich ganz dem Schreiben widmen konnte, ist hier von einer außergewöhnlichen Produktivität zu sprechen, zumal immer wieder ernstere körperliche Beschwerden die Arbeit behinderten. Definitiv als das schöpferisch herausragende Jahr muss 1888 (das letzte vor dem »paralytischen Zusammenbruch«) gesehen werden, in dem *Der Fall Wagner*, *Nietzsche contra Wagner*, *Götzendämmerung*, *Der Antichrist* und sein letztes Werk *Ecce Homo* erschienen.

Bei Schneider (1996, S. 144 ff.), der leider keine Quellenangaben liefert, sind Nietzsches letzte Monate vor dem endgültigen Verfall eindrucksvoll beschrieben: Ende August, noch in Sils-Maria, setzt sich der Philosoph an die Abfassung der *Götzendämmerung*, welche nach zehn Tagen beendet ist. Am folgenden Tag schon beginnt er mit der Niederschrift von *Der Antichrist*, die er Ende September – inzwischen nach Turin übersiedelt, wo er bei einem Ehepaar als bescheidener Untermieter lebt – abschließt. Am 15. Oktober macht sich Nietzsche an sein letztes Werk *Ecce Homo*, dessen Kapitelüberschriften »Warum ich so klug bin« oder »Warum ich so gute Bücher schreibe« nun unzweifelhaft den Größenwahn erkennen lassen; gleichzeitig ist der Autor in höchst euphorischer Stimmung (»Alles wird mir leicht. Alles gerät mir«). Schon am 5. Dezember werden die Korrekturen von *Ecce Homo* dem Verleger geschickt. Nach dieser Zeit verfasst Nietzsche eine Fülle von immer seltsameren Briefen, etwa einen, in dem sich folgende Worte finden: »*Es gibt heute keinen Namen, der mit soviel Auszeichnung und Ehrfurcht behandelt wird als der meine.*« Einer der letzten Briefe des Jahres 1888 geht an August Strindberg. Dort heißt es: »*Ich habe einen Fürstentag in Rom zusammenbefohlen, ich will den jungen Kaiser füsilieren lassen.*« Die Unterschrift lautet »*Nietzsche Caesar*«. In den ersten Januartagen 1889 spricht laut Schneider (1996, S. 149) Friedrich Nietzsche »*Fremde auf der Straße an und sagt: ›Ich bin Gott‹ oder ›Ich bin der*

Tyrann von Turin‹«. In diese Tage fällt mutmaßlich auch das erst später berichtete, nie sicher belegte, aber gut zum Krankheitsbild passende Vorkommnis, dass der Gestörte ein Pferd umarmt habe, welches vom Kutscher gerade geschlagen worden war. Zu dem Tier soll er »mein Freund« gesagt haben.

Der Turiner Aufenthalt nimmt insofern rasch ein Ende, als Nietzsche in den ersten Januartagen an den bekannten Kulturhistoriker Jacob Burckhardt in Basel einen Brief schreibt, welcher so beginnt: »Lieber Herr Professor, zuletzt wäre ich lieber Basler Professor als Gott, aber ich habe es nicht gewagt, meinen Privat-Egoismus so weit zu treiben.« In einem Postscriptum steht:

> »Ich habe Kaiphas in Ketten legen lassen; auch bin ich voriges Jahr von den deutschen Ärzten auf eine sehr langwierige Weise gekreuzigt worden. Wilhelm, Bismarck und alle Antisemiten abgeschafft.« (zit. nach Schneider 1996, S. 150)

Entsetzt läuft Burckhardt mit diesem Brief zu Franz Overbeck, Professor für Kirchengeschichte in Basel und langjährigem Freund Nietzsches, welcher wiederum deswegen einen Psychiater um seine Meinung bittet und unverzüglich danach den Gestörten in Turin abholt, um ihn in einer komplizierten Aktion schließlich in einer Nervenheilanstalt in Basel abzuliefern. Dort wird ohne Zögern die Diagnose progressive Paralyse gestellt (s. unten). Einige Tage später trifft Nietzsches Mutter ein, die gegen den ärztlichen Rat ihren Sohn über den Umweg der psychiatrischen Klinik in Jena zu sich nach Naumburg holt. Auf dem »Rücktransport« geschieht ein bemerkenswerter Auftritt (den auch Thomas Mann im *Doktor Faustus* verarbeiten wird): »*Kurz vor Frankfurt bekam der Kranke zu erstenmal einen Tobsuchtsanfall. Die entsetzte Mutter graulte ihm das Kinn und fütterte ihn mit Schinkenbrötchen.*« Noch in der Jenaer Klinik zeigen sich weitere eindrucksvolle Symptome: »*Er schlug Fenster ein, trat Mitpatienten, machte Bocksprünge, schlief meist neben seinem Bett, aß Kot und trank Urin. Alle Ärzte kannte er beim Namen, sich selbst nannte er ›Herzog von Cumberland‹.«* (Schneider 1996, S. 152)

In Naumburg (später Weimar) dämmert der große Mann, ab einer gewissen Zeit nur noch im Rollstuhl, vor sich hin. Die bei Podach (1937) zusammengestellten Briefe der Mutter geben hiervon einen plastischen Eindruck. Nachdem die Mutter 1897 stirbt, pflegt ihn seine Schwester Elisabeth Förster-Nietzsche, nach dem Tod ihres Mannes aus Paraguay zurückgekehrt und in geschickter, nicht immer redlicher Weise den Nietzsche-Mythos etablierend – welcher bekanntlich in der Zeit des Nationalsozialismus seine höchste Blüte erfuhr –, bis der Patient, nicht einmal 56 Jahre alt, schließlich am 25. August 1900 durch einen Schlaganfall erlöst wurde. Leider fand keine Obduktion statt, deren Ergebnis wahrscheinlich alle diagnostischen Zweifel beseitigt hätte.

Krankengeschichte

Sicher ist, dass Nietzsche im Alter von 20 oder 21 Jahren ein Kölner Bordell besucht hat. Das weiß man aus den Erinnerungen von Nietzsches Freund Deussen. Thomas Manns Schilderung der Bordellszene in Kapitel XVI seines *Doktor Faustus* stammt fast wörtlich aus diesen Aufzeichnungen. Mann schreibt 1944 in seinem Tagebuch (de Mendelssohn 1982, S. 141), dass Nietzsche überhaupt nur zweimal in seinem Leben Geschlechtsverkehr gehabt habe, eine recht kühn erscheinende Behauptung. Zweimal ist es lediglich »aktenkundig« geworden. Offenkundig ist jedoch, dass Nietzsche, der sich in lasziver Pose mit Lou-Andreas Salomé fotografieren ließ und dessen Ausspruch »Wenn du zum Weibe gehst, vergiss die Peitsche nicht« (geringfügig modifiziert nach *Also sprach Zarathustra*) sein bekanntester sein dürfte, in sexueller Hinsicht wenig erfahren war: Alles spricht dafür, dass er in seinem ganzen Leben keine Liebesbeziehung zu einem anderen Menschen hatte, nicht einmal eine kurzfristige.

Dass Nietzsche bezahlten Sex hatte, war für einen jungen Mann nicht außergewöhnlich, insbesondere in jener Zeit, als der voreheliche Geschlechtsverkehr weniger üblich war als heute. Ob er sich dabei oder bei einer anderen Gelegenheit mit Syphilis infiziert hat, ist unklar; von einem Primäraffekt (also einem Geschwür im Genitalbereich) ist nie die Rede. Andererseits steht in der Basler Krankenakte von 1889, dass der Patient sich zweimal »spezifisch infiziert« habe. Und im Bericht eines Augenarztes, den Nietzsche schon 1877 aufsuchte, heißt es, er habe sich in seiner Studentenzeit mit »Tripper« infiziert – wobei man wissen muss, dass Tripper, was heute als Synonym für Gonorrhoe steht, damals sowohl Gonorrhoe als auch Syphilis bedeuten konnte (Wilkes 2000; dort auch die Befundberichte aus Basel und Jena). Kein Hinweis findet sich auf eine Lues-II-Symptomatik. Hingegen passen die Symptome, die Nietzsche bald in Basel zeigte, nämlich heftige Kopf- und Augenschmerzen, Magenkrämpfe mit Erbrechen, gut zur Symptomatik der tertiären Lues. Sie sind allerdings keineswegs beweisend. So weist Frenzel (2012, S. 91 f.) darauf hin, dass Nietzsche bereits im Internat Schulpforta, sogar schon früher, über heftige Kopf- und Augenschmerzen geklagt hatte.

Die Diagnose bei Aufnahme in die Basler Klinik lautete »progressive Paralyse«, wobei nicht nur die Anamnese und der gegenwärtige psychische Befund (darunter der ausgeprägte Größenwahn), sondern auch neurologische Symptome dies sehr nahelegten: Es fand sich neben Dysarthrien (Artikulationsstörungen) eine Anisokorie (also ungleich große Pupillen), die träge auf Licht reagierten. In Jena wurde zudem eine »leicht unregelmäßig verzogene Pupille« festgestellt, sodass man mit gewisser Berechtigung von dem für die Neurolues vergleichsweise spezifischen Argyll Robertson-Phänomen sprechen kann. Auch der lange Verlauf – nach Entlassung aus der Klinik lebte Nietzsche noch mehr als ein Jahrzehnt – passt bestens zur progressiven Paralyse und schließt eine ganze Reihe eventueller anderer neurologischer Erkrankungen aus.

Durchaus ernst zu nehmen ist die Arbeit von Hemelsoet et al. (2008), welche die Diagnose progressive Paralyse anzweifeln. Die Autoren weisen darauf hin, dass die in der Basler Klinik 1889 konstatierte Anisokorie schon beim 9-jährigen Friedrich festgestellt wurde und dass er seit früher Jugend über Kopfschmerzen und Sehstörungen klagte. Sie sind der Auffassung, alle, auch die im späteren gezeigten Symptome ließen sich durch die CADASIL abgekürzte Krankheit erklären, ein autosomal-dominant vererbtes zerebrales Gefäßleiden mit subkortikalen Infarkten und Defekten der weißen Substanz. Dazu würden zweifellos die schwere Migräne passen sowie die kognitiven Ausfälle – allerdings nicht die eigentümliche Produktivität und die zeitweise manisch-gehobene Stimmung mit Megalomanie (Größenwahn), ebenso wenig die Verhaltensauffälligkeiten, die man letztlich nur mit dem unfachlichen Ausdruck »Verrücktheiten« belegen kann. Zudem ist CADASIL selten, während die progressive Paralyse bekanntlich nicht wenige betroffen hat, beispielsweise die zuvor beschriebenen Komponisten Smetana und Schumann.

Fundierter wirkt hingegen die Arbeit eines Schweizer Psychiaters (Gschwend 2000), der u. a. anführt, dass schon in der Basler Universitätszeit bei Nietzsche augenärztlich eine Chorioiditis luetica (eine syphilitisch bedingte Aderhautentzündung, welche auf die Netzhaut übergreifen kann) konstatiert wurde, die schließlich zur Aufgabe der Professur geführt habe. Gschwend kommt zu dem Schluss:

»Aus neurologischer Sicht liegt ein geradezu lehrbuchmäßiger Verlauf einer Lues vor, die sich durch das Fehlen einer wirksamen Therapie durch alle Stadien hinzog und sich an allen Geweben des Nervensystems abspielte.« (ebd., S. 48)

Thomas Manns Doktor Faustus: ein »Remake« von Nietzsches Schicksal

Schon als Kind hatte Thomas Mann die Faust-Sage, aufgeführt als Puppenspiel, ungemein fasziniert: die Geschichte eines Mannes, der seine Seele dem Teufel verschreibt und im Gegenzug ungeahnte Fähigkeiten verliehen bekommt. Schon am Anfang seiner schriftstellerischen Karriere, um 1904, hegte der Autor den Plan, dieses Thema literarisch umzusetzen. Dies sollte jedoch nicht als Wiedererzählung der alten Mär geschehen, sondern als Neufassung unter gleichzeitiger Entmystifizierung, indem die ungewöhnlichen Fertigkeiten auf biologischen, mit einem hohen Preis zu zahlenden Veränderungen gründen: »Figur des syphilitischen Künstlers: als Dr. Faust und dem Teufel Verschriebener. Das Gift wirkt als Rausch, Stimulus, Inspiration; er darf in entzückter Begeisterung geniale wunderbare Werke schaffen, der Teufel führt ihm die Hand. Schließlich aber holt ihn der Teufel: Paralyse.« (de Mendelssohn, 1980, S. 115) Der Tod des an Syphilis erkrankten Komponisten Hugo Wolf wenige Zeit zuvor mag ihn zu dieser Idee gebracht haben; zweifellos aber hatte Mann Friedrich Nietzsche dabei im Sinn, umso mehr, als er einer der Wenigen war, dem die kühl berechnende Elisabeth Förster-Nietzsche einen Blick auf ihren in Stumpfsinn dahinsiechenden Bruder gestattet hatte. Das Projekt wurde allerdings für Jahrzehnte zurückgestellt, bis endlich in den späten 1930er-Jahren die Idee der Verwirklichung reifte. 1942, noch während er am letzten Buch seines großen Joseph-Romans schrieb, begann Thomas Mann Lektüre über Nietzsche zu sammeln, besorgte sich das alte Volksbuch über Faust, las in den Briefen des progressiven Paralytikers Hugo Wolf und studierte Literatur zu Musik, denn die Nietzsche-Reinkarnation sollte ein genialer Komponist sein.

Die Parallelen zwischen dem Leben Nietzsches und dem fiktiven Leben Leverkühns sind evident; lediglich die wichtigsten seien hier herausgegriffen: Beide, Nietzsche und der »deutsche Tonsetzer Adrian Leverkühn«, sind (am selben Tag im selben Monat) in Mitteldeutschland geboren, in der Luthergegend um Halle und Wittenberg, beide studieren zunächst Theologie (was Leverkühn länger durchhält als Nietzsche), wenden sich jedoch dann ihrer eigentlichen Bestimmung zu (Nietzsche der Philologie bzw. Philosophie, Adrian Leverkühn der Musik). Beide infizieren sich in einem Bordell (einer »Schlupfbude«), in das sie heimtückisch ein Dienstmann führt, beide leisten Großes: So lässt Thomas Mann Leverkühn die lange vor Abfassung des Romans von Arnold Schönberg entwickelte Zwölftonmusik erfinden.

Bei beiden folgt 24 Jahre nach der Erstinfektion – der Zeitspanne, die auch im Volksbuch vom Dr. Faust die mit dem Teufel vereinbarte Frist ist – der paralytische Zusammenbruch (bei Nietzsche gewissermaßen in Stufen, bei Adrian Leverkühn *coram publico* in einem großen Auftritt vor Freunden im Hause der Witwe Schweigestill in Pfeiffering südlich von München). Beide werden von ihren Müttern nach Hause geholt, wobei während der Zugfahrt Leverkühn wie seinerzeit Nietzsche einen Tobsuchtsanfall entwickelt: »Während der Reise aber, nach Norden ins Mitteldeutsche, auf welcher glücklicherweise der Adrian bekannte Wärter aus München die beiden begleitete, kam es ohne erkennbaren Anlaß zu einem Zornesausbruch des Sohnes gegen die Mutter, einem von niemandem erwarteten Wutanfall, der Frau Leverkühn zwang, den Rest der Fahrt, fast die Hälfte, in einem anderen Abteil zurückzulegen und den Kranken mit dem Wärter allein zu lassen.« (Mann 1976, S. 508)

Die Parallelen enden damit, dass jeweils etwa elf Jahre nach dem manifesten Zusammenbruch der Tod die geistig dahinsiechenden Paralytiker erlöst, beide an einem 25. August.

Weitere progressive Paralytiker

Gaetano Donizetti (1797–1848)

Dieser auch heute noch mit seinen Werken (etwa L'elisir d'amore [Der Liebestrank], Lucia di Lammermoor, Don Pasquale) in den Repertoires bedeutender Opernhäuser vertretene Komponist schrieb neben diversen sakralen Kompositionen etwa 70 Opern. Im Gegensatz zu vielen anderen Musikern (wie Schubert, Smetana, Wolf) verschaffte ihm seine musikalische Begabung diverse Posten, mit denen er bequem seinen Lebensunterhalt bestreiten konnte, beispielsweise als kaiserlicher Hofkompositeur und Kapellmeister in Wien. Schon in jungen Jahren hatte er sich mit Syphilis infiziert – und es ist nicht unwahrscheinlich, dass seine bemerkenswerte Produktivität wesentlich daraus resultierte. 1843 verschlechterte sich sein Zustand jedoch deutlich (allem Anschein nach aufgrund der Symptome der progressiven Paralyse), und er wurde zunächst in ein Irrenhaus überführt, dann in komfortable pflegerische Behandlung gebracht, bis er fünf Jahre später, restlos dement, verstarb.

Guy de Maupassant (1850–1893)

Dieser – wenigstens in Deutschland – heute wenig bekannte, zu Lebzeiten jedoch sehr berühmte französische Schriftsteller schrieb nicht nur Romane und Novellen, in denen Erotik eine zentrale Rolle spielt (etwa *Bel ami*, *La maison Tellier*), sondern führte selbst ein sehr intensives Sexualleben. Dabei zog er sich, von ihm genau dokumentiert, im Alter von 27 Jahren eine Syphilis-Infektion zu, welche zwar unmittelbar mit den damals zur Verfügung stehenden Mitteln (insbesondere Arsen) behandelt wurde, gleichwohl in das Sekundärstadium überging und ungewöhnlich bald in Lues III einmündete, mit massiven Kopfschmerzen und Sehstörungen. Schon 1881, gerade vier Jahre nach dem Primäraffekt, wurden ungleich große, deformierte Pupillen festgestellt, und in den Jahren 1888 und 1889 zeigte sich eindeutig eine fehlende Lichtreaktion (das für Syphilis mehr oder weniger beweisende Argyll Robertson-Phänomen). In dieser Zeit ließ auch – ganz anders als bei Nietzsche – die Produktivität des Kranken nach, er zog getrieben von Ort zu Ort und fiel durch deutlich abnormes Verhalten auf, etwa indem er mit imaginären Personen sprach, Bizarrheiten der Schrift sowie einen wirren Schreibstil zeigte. Auffällig war das ausgezehrte und wüst wirkende Gesicht, welches in krassem Gegensatz zu seiner sonstigen körperlichen Verfassung stand. 1892 versuchte er, sich zu suizidieren, wurde durch einen kräftigen Pfleger schließlich in eine Zwangsjacke gesteckt und kurz darauf hospitalisiert; ein gutes Jahr später starb er in der Anstalt, bettlägerig, unter häufigen epileptischen Anfällen leidend und schließlich ins Koma verfallend.

Maupassant war bei Weitem nicht die einzige berühmte Persönlichkeit des ausgehenden 19. Jahrhunderts in Frankreich, welche unter Syphilis litt – wenn auch nicht unbedingt daran starb: Behauptet wird es u. a. von Flaubert, Baudelaire, Toulouse-Lautrec und Gauguin. Alphonse Daudet (*Lettres de mon moulin* [Briefe aus meiner Mühle]) starb wahrscheinlich an Tabes dorsalis, der anderen Manifestationsform der Neurolues (Lues IV).

Hugo Wolf (1860–1903)

Im damaligen Österreich (heute Slowenien) geboren, widmete er sich früh der Musik, genoss seine Ausbildung in renommierten Anstalten (war Mitstudent u. a. von Gustav Mahler), konnte aber nie durch eine entsprechende Anstellung seinen Lebensunterhalt verdienen und lebte Zeit seines Lebens in Armut. Er war zum einen Musikkritiker (glühender Verehrer von Wagner und äußerst ablehnend gegenüber Brahms), zum anderen Komponist, vornehmlich von Klavierliedern (beispielsweise nach Texten von Eduard Mörike). Bereits im Alter von 18 Jahren zog er sich Syphilis zu, die sich – nachdem manische Symptome und eine bemerkenswerte Produktivität vorausgingen – 1897 (also etwa 20 Jahre nach der Erstinfektion) in eindrucksvollen Symptomen der progressiven Paralyse äußerte. Dazu gehörte ein ausgeprägter Größenwahn – Wolfs Briefe studierte Thomas Mann, bevor er sich an die Abfassung seines Nietzsche-Romans *Doktor Faustus* machte (▶Kasten »Thomas Manns Doktor Faustus: ein ›Remake‹ von Nietzsches Schicksal«). Nach einem missglückten Selbstmord (Versuch, sich zu ertränken) wurde er auf eigenen Wunsch in einer Nervenheilanstalt untergebracht. Die Parallelen zur Krankengeschichte Schumanns stechen ins Auge. Dort starb Wolf vier Jahre später.

Weitere bekannte Personen mit Verdacht auf Syphilis

Vorbemerkungen

Syphilis wurde posthum von diversen Autoren bei zahlreichen Persönlichkeiten diagnostiziert, was insofern schwer zu widerlegen ist, als diese Krankheit sich in einer Vielzahl von unterschiedlichsten Symptomen äußert und bis zur wirksamen Behandlung mit Penicillin in den 40er-Jahren des vergangenen Jahrhunderts ausgesprochen verbreitet war. Dass zahlreiche prominente Persönlichkeiten des Fin de siècle in Frankreich daran litten oder sogar starben, so Baudelaire, Daudet, Flaubert, Maupassant, Toulouse-Lautrec, wurde bereits ausgeführt. Wenn im Folgenden diese mutmaßliche Diagnose nur bei einigen Personen diskutiert wird, ist dies dem gesetzten (knappen) Raum geschuldet. Ulrich von Hutten wurde ausgewählt, um zu zeigen, dass die »Lustseuche« schon sehr früh auftrat und auch vor bibelfesten Männern keineswegs Halt machte. Mozart und Beethoven müssen in diesem Kontext erwähnt werden, weil bezüglich dieser beiden Komponisten häufig vorgebrachte, aber eher unbegründete Hypothesen im Umlauf sind, und Paganini deshalb, weil er die Krankheit wohl hatte, sicher aber nicht unmittelbar daran starb. Ob Hitler oder Churchill auch daran litten – wie reichlich ungeniert, vor allem in populärwissenschaftlichen Werken oder Zeitschriftenbeiträgen behauptet –, ist so unsicher, dass eine Diskussion darüber wenig sinnvoll scheint.

Ulrich von Hutten (1488–1523)

Einem fränkischen Adelsgeschlecht entstammend, studierte er an diversen Universitäten, infizierte sich, so Bernstein (1988, S. 24) vermutlich in Leipzig zwischen 1507 und 1509 mit Syphilis, verdingte sich zeitweise als Kriegssöldner und trat schließlich durch Schriften in Erscheinung, die inhaltlich dem Renaissance-Humanismus zuzuordnen sind, so als Mitverfasser der »Dunkelmännerbriefe«. Diese satirischen Schriften dienten der Verteidigung des Hebraisten Johannes Reuchlin, der für eine tolerante Haltung gegenüber den Juden und ihrer Religion eintrat. Sehr bald schloss sich von Hutten der Reformation an, profilierte sich durch eine entschieden antiklerikale Haltung und wurde Vertrauter Zwinglis, welcher den mittlerweile mit der Reichsacht belegten und schwer an der früh erworbenen Syphilis Erkrankten auf der Insel Ufenau im Zürichsee eine letzte Herberge verschaffte; dort verstarb Hutten bald und wurde auf dem Inselfriedhof begraben. Dass die Todesursache Lues venerea war (wahrscheinlich eine Komplikation des Tertiärstadiums), ergibt sich sowohl aus zeitgenössischen Dokumenten – u. a. verfasste Hutten eine Monografie über die Syphilis und ihre Behandlung (*De morbo gallico* [Die Franzosenkrankheit]) – als auch aus syphilistypischen Veränderungen, welche man vor einigen Jahren an seinen Skelettresten nachwies (Bankl 2005, S. 243).

Wolfgang Amadeus Mozart (1756–1791)

Weltweit zweifellos einer der bekanntesten Komponisten, war Mozart in seinem kurzen Leben ungewöhnlich produktiv: Er schrieb 41 Symphonien – damit mehr als Beethoven, Schubert, Brahms, Bruckner und Mahler zusammen (wobei allerdings deren Symphonien meist deutlich umfangreicher ausfielen). Von Mozarts vielen Opern sind *Die Zauberflöte, Così fan tutte, Figaros Hochzeit* und *Don Giovanni* die bekanntesten. Hinzu kommen ungezählte Klaviersonaten, umfangreiche Kammermusik (darunter *Eine kleine Nachtmusik*), zahlreiche geistliche Werke (diverse Messen, das berühmte *Ave verum* und schließlich sein letztes Werk, das unvollendete Requiem).

Mittlerweile ist hinlänglich bekannt, dass der Komponist keineswegs das artige »Wolferl« war, sondern ein sinnenfreudiger, gelegentlich etwas derber junger Mann. Insofern wäre es mehr als wahrscheinlich, dass er zumindest zeitweise mit Syphilis infiziert war und deshalb mit Quecksilber behandelt wurde, welches möglicherweise zu einer tödlichen Vergiftung geführt bzw. den Verlauf anderer Erkrankungen verschlimmert hat (wie es bei Schubert vermutet wird). Tatsache ist, dass Mozart Zeit seines Lebens diverse Krankheiten durchmachte und zahlreiche »Arzneien« einnahm. Gleichwohl kam der Tod nach etwa zwei Wochen Krankenlager ziemlich überraschend. Unverständlich ist weiter, dass der seinerzeit durchaus prominente Komponist auffällig rasch in einem Massengrab bestattet wurde; somit weiß man nichts über den Verbleib seiner Überreste, deren Untersuchung möglicherweise auch heute noch gewisse Aufschlüsse geben könnte. Rasch kam das Gerücht auf, Mozart wäre vergiftet worden, wobei erst sein Konkurrent Antonio Salieri verdächtigt wurde – was man wohl als widerlegt betrachten darf –, danach diverse andere Personen bzw. Personengruppen, so u. a. die Freimaurer und die Jesuiten, zudem seine Ehefrau Konstanze. Die Vergiftungstheorie ist schwer zu widerlegen, wobei Quecksilber und Arsen als Mittel insofern geeignet gewesen wären, als sie ohnehin als Medikamente sehr gebräuchlich waren. Folgt man den detaillierten Ausführungen von Ludewig (2006), so ist Tod durch Nierenversagen wohl die plausibelste, zumindest am häufigsten vertretene Theorie, wobei die seinerzeit üblichen Aderlässe in Verbindung mit zahlreichen Medikamenten den Vorgang beschleunigt haben könnten. Dennoch bleiben andere Ursachen nicht ausgeschlossen – Lues als unmittelbare Todesursache ist wohl eher unwahrscheinlich; wenigstens augenblicklich wird diese These kaum vertreten.

Ludwig van Beethoven (1770–1827)

Geboren in Bonn, Schüler Mozarts und seit 1792 in Wien lebend, genoss Beethoven (▶Abb. 7) dort höchstes Ansehen (nicht zuletzt am kaiserlichen Hof). Anders als viele seiner Musikerkollegen war er im Großen und Ganzen frei von finanziellen Sorgen und konnte sich ausschließlich seinen Kompositionen widmen, die auch heute noch zu den am meisten weltweit aufgeführten Orchester- und Klavierwerken zählen. Bekannt sind seine neun Symphonien, insbesondere die 5. (die »Schicksalssymphonie«) und die 9. (mit dem Vokalpart »Freude, schöner Götterfunken« im letzten Satz), fünf Klavierkonzerte, 32 Klaviersonaten (z. B. *Pathétique* [eigentlich: *Grande sonate pathétique*]), *Appassionata*, *Mondscheinsonate*, *Waldsteinsonate*, *Albumblatt für Elise*, als einzige Oper *Fidelio*, die *C-Dur-Messe* und die *Missa solemnis*, schließlich seine Streichquartette. Nach der 9. Symphonie (op. 125) komponierte Beethoven fast ausschließlich solche, und das Streichquartett Nr. 16 in F-Dur, op. 135, ist sein letztes Werk.

Beethoven hatte zahlreiche Bekanntschaften mit Frauen, die auffällig häufig dem Adel entstammten und sich später in anderer Form liierten; wie weit diese Beziehungen reichten, ist Gegenstand historischer Spekulation und in diesem Zusammenhang nur bedingt von Interesse. Beethoven blieb Junggeselle und führte sicher einen lockeren Lebenswandel – insofern wäre eine Syphilis-Infektion nicht unwahrscheinlich; allerdings liegen keinerlei Berichte über die für Lues I und II typischen Hautveränderungen vor. Sei-

Abb. 7 Ludwig van Beethoven. Gemälde von Ferdinand Waldmüller

ne früh einsetzende Schwerhörigkeit, die schließlich in völlige Taubheit überging, nährte immer wieder einen entsprechenden Verdacht. Bereits mit 28 Jahren zeigten sich bei dem Komponisten Hörstörungen, welche er drei Jahre später sehr detailliert beschrieb und die sich u. a. als Ohrgeräusche, Verlust der Wahrnehmung heller Töne, Tonverzerrungen, verbunden mit Empfindlichkeit für laute Geräusche äußerten. Anders als bei Smetana (s. oben) finden sich jedoch weder akustische Halluzinationen noch eine paranoide Verarbeitung der Gehörstörungen. In einer sehr ausführlichen Analyse hält Zenner (2002) die Diagnose Lues – in diesem Fall Tertiär- oder Quartärstadium – für unwahrscheinlich. Weitere dafür typische Symptome sind nicht dokumentiert, und auch der Obduktionsbericht gibt keinen Hinweis auf syphilitische Veränderungen des Gehirns oder des Hörapparats – angesichts der damaligen Häufigkeit der Lues, der Bekanntheit des Patienten und der hohen Qualifikation des Sektionsteams ist der Bericht sicher als verlässlich zu betrachten. Gefunden wurde hingegen eine Leberzirrhose, die auch zu den zuletzt gezeigten Symptomen passte (Gelbsucht, Wassereinlagerung u. a. im Bauch [Aszites]). Sie dürfte alkoholisch bedingt gewesen sein, war vielleicht auch Folge der damals häufigen Bleizusätze im Wein. So gut wie nichts spricht für eine Syphilis.

Niccolò Paganini (1782–1840)

Obwohl seit fast zwei Jahrhunderten tot, ist Paganini noch heute der Inbegriff des Geigenvirtuosen überhaupt (▸ Abb. 8). Schon als Wunderkind weit bekannt, führte er umfangreiche Konzertreisen durch, welche ihm nicht nur zahlreiche Ehrungen, sondern auch ein beträchtliches Vermögen einbrachten. Sein »dämonisches« Geigenspiel zog in ganz Europa unzählige, darunter höchst illustre Personen an, und zur Aura des »Mephistophelischen« trug nicht nur seine unvergleichliche Technik, sondern auch seine Erscheinung bei – hager, mit schmalen Händen, langen Fingern sowie einprägsamer Physiognomie. Die Vorstellung, dass er mit dem Satan im Bunde stand, hielt sich so hartnäckig, dass die Kirche seinen sterblichen Überresten über Jahrzehnte ein christliches Begräbnis in geweihter Erde versagte. Seine Kompositionen (v. a. diverse Violinsonaten und Violinkonzerte) werden heute nur selten aufgeführt, regten jedoch so bedeutende Musiker wie Liszt, Schumann und Brahms zu Variationen an.

Paganinis Krankheit ist nur unvollständig beschrieben – dokumentiert ist eine zunehmende Heiserkeit, welche mit einer Gewebszersetzung im Kehlkopf und Kieferbereich verbunden war. Nach der gründlichen Biografie von Fuld (2003)

Abb. 8 Niccolò Paganini. Lithographie von Josef Kriehuber (1828)

war wohl eine Kehlkopftuberkulose die Todesursache, möglicherweise begünstigt durch die eingreifende Quecksilberbehandlung zur Bekämpfung der Syphilis. Eine neuere Untersuchung von Haarproben (Kijewski et al. 2012) wies ungewöhnlich hohe Quecksilberkonzentrationen nach, was dafür spricht, dass sich Paganini tatsächlich solchen Kuren unterzog – wie bereits ausgeführt, die damalige Standardtherapie der Syphilis. Auch die Knochen- und Knorpelveränderungen wären prinzipiell mit der Diagnose Lues III (Tertiärstadium der Syphilis) vereinbar. Hinweise auf Lues IV (Neurolues, d. h. Tabes dorsalis oder progressive Paralyse) gibt es hingegen nicht – obwohl der Patient in relativ hohem Alter verstarb und sich eher früh infiziert haben dürfte.

Allen Gerüchten zufolge war Paganini sexuell äußerst aktiv – angeblich litt er an Priapismus, also einer Dauererektion –, und angesichts der von ihm ausgehenden Faszination dürfte er nicht wenige Affären gehabt haben.

3 Schizophrenie und verwandte Störungen

3.1 Einführung

Die Schizophrenie (nicht identisch – wie viele Personen meinen – mit Multipler Persönlichkeitsstörung bzw. Dissoziativer Identitätsstörung) ist gekennzeichnet durch eine Vielzahl unterschiedlichster Symptome, deren Gemeinsamkeit insbesondere für Laien nicht unmittelbar ersichtlich ist. Manche davon treten bei einigen Betroffenen gar nicht oder wenig ausgeprägt auf, bei anderen hingegen in auffälligster Weise. Nicht selten verändert sich bei ein und demselben Patienten die Symptomatik im Krankheitsverlauf. Dazwischen gibt es – was zusätzlich das Verständnis der Störung so erschwert – Phasen weitgehender psychischer Unauffälligkeit.

Das Störungsbild ist keineswegs selten; man schätzt, dass etwa 1 % der Bevölkerung im Laufe ihres Lebens für mehr oder weniger lange das Vollbild der Schizophrenie zeigt (und ein noch wesentlich höherer Prozentsatz allgemein eine Schizophreniespektrumsstörung). Insofern ist es nicht verwunderlich, dass auch bekannte Personen – nicht nur Regenten oder Angehörige von Herrschaftshäusern, sondern auch Dichter, Maler und Musiker, sicher zudem mancher Wissenschaftler – posthum diese Diagnose erhalten.

Johanna die Wahnsinnige (Juana la loca), die Mutter von Karl V., dem Kaiser des Heiligen Römischen Reiches Deutscher Nation, war die erste Person, bei der man aufgrund des vorliegenden Datenmaterials mit gewisser Sicherheit die Diagnose »Schizophrenie« stellen kann. Sie fiel zunächst dadurch auf, dass sie den Leichnam ihres verstorbenen Gatten in einem grotesken Zug durch Spanien bringen ließ, der erst nach zwei Jahren gestoppt wurde und mit der lebenslangen Internierung der künftigen Königin endete. Schließlich entzog man ihr die Herrschaft und sperrte sie für die restlichen 46 Jahre ihres Lebens ein.

Friedrich Hölderlin, dessen Werke in einigen Gegenden Deutschlands noch heute Schullektüre sind, zeigte unzweifelhaft Symptome der Schizophrenie und dämmerte schließlich in seinem Tübinger Turm dahin.

Schon früh von der Öffentlichkeit ferngehalten wegen nicht zu übersehenden Auffälligkeiten im Denken und Verhalten wurde auch Otto, zweiter Sohn des bayerischen Königs Max II., und Prinzregent Luitpold vertrat ihn als Herrscher für etwa zwei Jahrzehnte. Sehr viel bekannter ist die Biografie seines älteren Bruders, als Ludwig II. von 1864 bis 1886 König von Bayern: Nach vergleichsweise unauffälligen ersten Regierungsjahren zog er sich zunehmend zurück, äußerte abstruse Ideen (etwa das Land Bayern zu verkaufen und vom Gewinn ein neues Königreich auf einer spanischen Insel zu etablieren), verbrachte täglich Stunden mit ritualisierten, sinnlosen Handlungen und gab zudem Unsummen für den Bau immer neuer Schlösser aus. Seine Absetzung und sein Tod im Starnberger See 1886, der auch das Leben des ihn betreuenden Nervenarztes Bernhard von Gudden auslöschte, beschäftigen weiterhin die Historiker, und die Frage nach der Angemessenheit der Diagnose Schizophrenie ist Gegenstand zahlreicher psychiatrischer Kontroversen.

Wohl keine Schizophrenie, jedoch die mit ihr verwandte schizoaffektive Störung lag den Verwirrtheitszuständen van Goghs zugrunde (mit diversen versuchten und schließlich einem erfolgreichen Suizid).

3.2 Allgemeines zur Schizophrenie und zu ihrer Einordnung

Bei diesem vielschichtigen Symptombild handelt es sich vorwiegend um Störungen des formalen und inhaltlichen Denkens (Zerfahrenheit, Wahnvorstellungen), der Wahrnehmung (Halluzinationen), der Psychomotorik (z. B. katatoner Stupor), des Antriebs und der Affekte (Autismus, Affektverflachung, Inadäquatheit von Affekten). Man unterscheidet heute typischerweise Positiv- und Negativsymptome (bzw. Plus- und Minussymptomatik), wobei es sinnvoll scheint, hiervon noch mindestens eine dritte große Symptomgruppe abzugrenzen, nämlich die psychomotorischen Symptome wie Bewegungsstereotypien, schwere motorische Erregung, daneben aber auch das eindrucksvolle Symptombild des katatonen Stupors, bei dem die Patienten regungs- und reaktionslos sind, dies aber bei vollem Bewusstsein.

Die Vielzahl der Symptome führte dazu, dass man den Erscheinungen diverse unterschiedliche Namen gab (etwa Schwermut, Paranoia, Verrücktheit), bis der Münchener Psychiater Emil Kraepelin 1896 eine wichtige terminologische Festlegung vornahm: Er fasste jene Symptombilder, die auch nach heutigem Verständnis unter den Oberbegriff Schizophrenie fallen, zusammen und gab der Krankheit den Namen Dementia praecox (»vorzeitige Verblödung«). Indem er eine häufige, aber keineswegs typische Verlaufsform, nämlich jene mit Übergang in einen affektiv, motivational und sozial defizitären Zustand (das sogenannte Residualsyndrom) als Repräsentant für die Krankheitsgruppe aussuchte, legte er die Vorstellung einer unausweichlichen Entwicklung nahe, die schon damals nicht den klinischen Gegebenheiten entsprach. Tatsächlich ist die in Kapitel 2.3 beschriebene demenzielle Symptomatik mit Störungen des Gedächtnisses und der Urteilsfähigkeit in den frühen Stadien nicht zu finden. Und auch im schizophrenen Residualzustand, in den schätzungsweise ein Drittel der Betroffenen im Krankheitsverlauf gelangen, zeigen sich weniger kognitive Einschränkungen – wie sie etwa bei schweren Alzheimer-Formen ins Auge stechen –, sondern eher eine Affekt- und Antriebslosigkeit (auch zunehmende Verwahrlosung), welche den Patienten ein eigenständiges, geregeltes Leben unmöglich macht. Trotz dieser eher unglücklichen Namensgebung ist Kraepelin das hohe Verdienst anzurechnen, zu einer einzigen Krankheit zusammengefasst zu haben, was bis dahin lediglich als unterschiedliche Formen von Verrücktheit aufgefasst wurde.

Ein Jahrzehnt später schlug der Züricher Psychiater Eugen Bleuler eine neue Bezeichnung vor, da er die mit dem Namen Dementia praecox implizierten intellektuellen Einschränkungen keineswegs als regelmäßig und auch nicht als eigentlich krankheitstypisch ansah. Er wählte die Bezeichnung »Schizophrenie« (»Spaltungsirresein«), um die Desintegration psychischer Funktionen (»Zersplitterung und Aufspaltung des Denkens, Fühlens und Wollens«) als wesentliches Charakteristikum zu betonen. Zudem wies er nachdrücklich auf die Heterogenität des Störungsbildes hin und sprach von der Gruppe der Schizophrenien bzw. definierter Unterformen.

Auch diese Bezeichnung ist sicher alles andere als optimal – und wesentlich Schuld daran, dass sogar gebildete Laien mit Schizophrenie eine falsche Vorstellung verbinden, nämlich jene, die einer Multiplen Persönlichkeitsstörung bzw. Dissoziativen Identitätsstörung entspricht (das scheinbare Vorliegen von »zwei oder mehr Persönlichkeiten bei einem Individuum«). Andere Leistungen Bleulers sind aber unbestreitbar: Er gab zum ersten Mal diagnostische Kriterien vor, indem er Grundsymptome (für die Diagnosestellung unerlässlich) von akzessorischen Symptomen unterschied, die zwar oft sehr ins Auge fallen, aber keineswegs vorhanden sein müssen.

Auffällig ist, dass Bleuler und nach ihm K. Schneider mit seiner Einteilung der Symptome 1. und 2. Ranges nur die Positivsymptome der Schizophrenie betrachteten, während die psychomotorischen Auffälligkeiten (etwa katatoner Stupor) und die Negativsymptomatik (Affektverflachung, Antriebslosigkeit, Sprachverarmung), die nicht weniger dieses Störungsbild charakterisieren, keine weitere Beachtung fanden. Insofern ist es erklärlich, dass Schizophrenie und Psychose lange Zeit und teilweise auch heute noch synonym verwendet werden. In Wirklichkeit machen die psychotischen Symptome (die Positivsymptomatik) nur einen Teil des Störungsbildes aus. Und umgekehrt können psychotische Symptome auch im Rahmen depressiver und manischer Krankheitsbilder, zudem bei Demenzen oder als Folge der Einnahme diverser Drogen (etwa Kokain, Amphetamin, Methamphetamin, Halluzinogenen oder Cannabinoiden) auftreten.

3.3 Symptomatik, Diagnostik, Unterformen

Wie betont, sind die Symptome der Schizophrenie vielfältig. Zunächst sind hier die (formalen) Denkstörungen zu nennen, die am besten mit den Ausdrücken Zerfahrenheit oder Inkohärenz gekennzeichnet sind: Die Reden (und schriftlichen Äußerungen) der Betroffenen gestalten sich anhand lockerer Assoziationen, sodass sie Außenstehenden zuweilen völlig sinnlos scheinen. In der Sprache finden sich zahlreiche Bizarrheiten, etwa regelrechte Wortneuschöpfungen (Neologismen).

Die inhaltlichen Denkstörungen zeigen sich am eindrucksvollsten im Wahn (Paranoia), der zumeist die Gestalt von Verfolgungs-, Beeinflussungs- und Beziehungswahn annimmt – zufällige Ereignisse beziehen die Betroffenen auf sich selbst –, seltener sich als Größenwahn präsentiert, wobei die Kranken sich für hochstehende historische Persönlichkeiten halten.

Es sei an dieser Stelle darauf hingewiesen, dass Wahnideen keineswegs nur bei Schizophrenie vorkommen. Sie treten auch auf bei psychotischer Depression – wobei die Wahninhalte dort deutlich gelagert anders sind, sich nämlich um die Schuldhaftigkeit und Nichtigkeit der eigenen Person drehen –, im Rahmen von manischen Episoden und unter Drogen-Einfluss.

Auch das Vorkommen reiner Wahnerkrankungen (mit unkorrigierbaren falschen Vorstellungen, aber fehlender weiterer psychischer Symptomatik) ist kaum zweifelhaft. Fast immer finden sich – wenigstens zeitweise – Halluzinationen, schwer korrigierbare Wahrnehmungen von nicht Existentem; sie sind typischerweise akustischer Natur, häufig in Form von mehreren sich über den Betroffenen unterhaltenden (dialogischen) Stimmen oder (von oft befehlenden) Einzelstimmen. Zuweilen werden auch lediglich Geräusche (etwa Tritte) wahrgenommen (Akoasmen). Taktile und optische Halluzinationen kommen vor, sind jedoch eher atypisch.

Sehr charakteristisch sind die »Ich-Störungen«. Damit werden die Sachverhalte der empfundenen Unwirklichkeit (auch der eigenen Person) sowie der mangelnden Abgrenzung von der Außenwelt beschrieben, das Gefühl, nicht die Gedanken geheimhalten zu können (Gedankenlautwerden oder Gedankenausbreitung) bzw. von ihr gezielt beeinflusst zu sein (Gedankeneingebung und Gedankenentzug). Alle geschilderten Symptome werden meist als Positivsymptomatik oder psychotische Symptome zusammengefasst.

Affektstörungen treten auf in Form von inadäquater, dem Gesagten oder Gehörten nicht angemessener emotionaler Reaktionen (Affektinäquatheit, etwa Lachen bei Erhalt einer traurigen Nachricht). Bei jugendlichen Schizophrenen fällt häufig auch ein »läppisches«, witzelsüchtiges Verhalten auf. Zuweilen schon früh, spätestens jedoch nach längerem Verlauf tritt oft eine Affektverflachung im Sinne einer Nivellierung emotionalen Empfindens ein. An motivationalen Störungen ist die Willenlosigkeit (Abulie) zu nennen, oft sichtbar durch eine groteske Unfähigkeit, sich zwischen zwei (in ihrer Konsequenz oft bedeutungslosen) Handlungen entscheiden zu können. Häufig finden sich, spätestens im schizophrenen Residualzustand, eine Abkehr von der Außenwelt und eine mehr oder weniger ausgeprägte Beschäftigung mit eigenen Interessen (Autismus). Die Alogie, die Sprachverarmung, lässt sich als Ausdruck dieser Zurückgezogenheit auffassen. Alle genannten Symptome (Affektinadäquatheit und Witzelsucht ausgenommen) werden auch unter Negativsymptomatik subsumiert.

Weiter zeigen sich psychomotorische Auffälligkeiten, die bei gewisser Intensität als katatton bezeichnet werden. Äußerst eindrucksvoll ist der mittlerweile selten zu beobachtende Stupor, eine Bewegungs- und Reaktionslosigkeit bei Klarheit des Bewusstseins. Andererseits kann übermäßige motorische Aktivität vorhanden sein, etwa rastloses Herumlaufen oder rhythmische Körperbewegungen. Auffällig ist die mangelnde Variation bei diesen Bewegungen; generell sind Stereotypien verschiedenster Form, auch in der Sprache, sehr häufig zu beobachten – zuweilen ist hier die Abgrenzung zu den ritualisierten Handlungen bei Zwangskranken nicht leicht. Weitere Besonderheiten sind gewisse Bizarrheit, Manieriertheit des Sprachausdrucks, der Haltung, Mimik und Gestik, eine Auffälligkeit der Kleidung und diverser Accessoires, die beim geübten Betrachter schon eingangs die Verdachtsdiagnose nahelegen. Immer wieder beschrieben, aber in der Fachliteratur wenig gewürdigt, ist eine auffällige Temperaturunempfindlichkeit der

Betroffenen: Einige sind das ganze Jahr über in wärmste Kleidung gehüllt, andere laufen dauernd leicht bekleidet herum – selbst im eisigsten Winter. Auch die vor allem in späteren Stadien sehr häufig zu beobachtende Vernachlässigung der Körperpflege und der Sauberkeit der Umgebung werden als diagnostisches Indiz nicht explizit erwähnt.

Nicht gestört sind bei Schizophrenie üblicherweise (im Gegensatz zum demenziellen Syndrom) Gedächtnis, Intelligenz sowie, anders als beim Delir, Bewusstsein und Orientierung. Allerdings liegen zahlreiche neuropsychologische Einschränkungen vor (speziell Defizite in Aufmerksamkeit, Konzentration und Informationsverarbeitung), die meist erst bei genauer Testung auffällig werden. Da die Schizophrenie-Symptome hier nur insofern interessieren, als anhand gesicherten Datenmaterials eine posthume Diagnose versucht werden kann, sollen diese interessanten Befunde nicht näher dargestellt werden (s. dazu Köhler 2017).

Tabelle 2-1 stellt noch einmal die wesentlichen Charakteristika zusammen.

Tab. 2-1 Hauptsymptome der Schizophrenie (in Auswahl)

Positivsymptome (Plus- oder produktive Symptomatik)	Negativsymptome (Minussymptomatik)	Psychomotorische Symptome
• Wahnideen • Halluzinationen (vornehmlich akustische) • Zerfahrenheit • Ich-Störungen • Inadäquate Affekte	• Affektverflachung • Alogie (Sprachverarmung) • Abulie (Entschlusslosigkeit) • Sozialer Rückzug (Autismus) • Antriebsarmut	• Bewegungsstereotypien • Katatone Erregung • Katatoner Stupor

Schizophrenie wird nach wie vor weitgehend anhand klinischer Kriterien diagnostiziert (▶Glossar: Schizophrenie [Kriterien nach ICD-10]). Es sind insbesondere Wahnvorstellungen, die sich um die Kontrolle und Beeinflussung durch die Außenwelt drehen, speziell die Idee der externen Verfügbarkeit über die eigenen Gedanken, welche die Diagnose Schizophrenie begründen. Aufgrund formaler Denkstörungen, affektiver und motivationaler Veränderungen sowie katatoner Symptomatik allein lässt sich in der Regel die Störung nicht diagnostizieren. (Da so wichtige Symptome wie das Gefühl, beeinflusst zu werden oder akustische Halluzinationen der psychiatrisch in aller Regel nicht vorgebildeten Umgebung wenig auffallen bzw. nicht für berichtenswert gehalten werden, haben natürlich die im Späteren vorgenommenen nachträglichen Diagnosen nicht annähernd die Sicherheit, welche eine gezielte Exploration ergeben hätte.)

In Anlehnung an schon bei Bleuler entwickelte Vorstellungen werden in der ICD-10 diverse Unterformen aufgelistet (▶Glossar: Schizophrenie [Unterformen nach ICD-10]), z. B.

- die häufige paranoide Schizophrenie mit vorwiegender Positivsymptomatik,
- die hebephrene Unterform (Hebephrenie), welche bereits früh erhebliche Negativsymptome erkennen lässt,
- Schizophrenia simplex, vorwiegend mit Negativsymptomen ohne hebephrene Charakteristika,
- die katatone Schizophrenie, wo ausgeprägte psychomotorische Symptome, etwa Stupor, Haltungsstereotypien oder Erregungszustände, zu beobachten sind, sowie
- die undifferenzierte Schizophrenie, wenn die Kriterien für Schizophrenie erfüllt sind, jedoch eindeutige Zuordnung zu einer der genannten Unterformen nicht gelingt.

Viele Fälle von Schizophrenie (keineswegs jedoch alle) gehen nach gewisser Zeit in das schizophrene Residuum über, einen chronischen Zustand, der im Wesentlichen durch Negativsymptomatik wie Affektverflachung, Interessenlosigkeit, mangelnde Kommunikation, Vernachlässigung des Äußeren gekennzeichnet. Dieses Bild hatte offensichtlich Kraepelin im Auge, als er der Krankheit den Namen Dementia praecox gab, auch wenn ein solcher defizitärer Zustand noch nicht eingetreten war – und, wie schon gesagt, auch nicht notwendig eintreten musste.

3.4 Erstmanifestationsalter und Verlauf

Die ersten Symptome beginnen typischerweise vor dem 30. Lebensjahr, etwa bei der Hälfte der Betroffenen vor dem 25. Bei der hebephrenen Form ist das Erstmanifestationsalter deutlich niedriger (zwischen 15 und 25 Jahren) als bei der paranoiden Schizophrenie. Regelrechte Schizophrenie-Symptome sind in jüngeren Jahren selten, jedoch zeigen sich dort nicht selten bereits auffällige Persönlichkeitszüge, etwa sozialer Rückzug, bizarre Sprache und Gestik, die auf eine solche Entwicklung hindeuten können.

Bei der paranoiden und katatonen Form beginnt die Symptomatik eher abrupt, bei der hebephrenen und insbesondere der Schizophrenia simplex vornehmlich schleichend. Den akut einsetzenden Symptombildern geht häufig eine Prodromalphase mit unspezifischen Beeinträchtigungen wie Nervosität und Schlafstörungen voraus.

Der Verlauf hat typischerweise die Form mehrwöchiger bis mehrmonatiger Episoden (gekennzeichnet durch vornehmlich psychotische Symptomatik, d.h. Wahn und Halluzinationen, daneben nicht selten durch psychomotorische Symptome). Danach beobachtet man oft ein vollständiges Verschwinden der »Psychose«. Häufig wird aber nicht mehr das affektive und motivationale Niveau erreicht, das vor dem Schub beobachtet wurde, sondern es bleiben Negativsymptome wie Affektverflachung, Interessenseinengung und Leistungsabfall zurück (Residuen). Auch kontinuierliche Verläufe ohne abgrenzbare Episoden kommen vor.

Generell gilt, dass die durch vornehmliche Positivsymptomatik gekennzeichneten Schizophrenieformen, speziell die paranoide, eine bessere Prognose haben, die hebephrene Form und Schizophrenia simplex hingegen eine schlechte.

3.5 Familiäre Häufung und Vererbung

Familiäre Häufung von Schizophreniefällen ist gut belegt und kann auch nicht durch den spezifischen familiären Interaktionsstil oder sonstiges Modelllernen erklärt werden, da Kinder schizophrener Eltern, die früh in Adoptivfamilien kommen – ein nicht seltener Fall – dadurch kein wesentlich geringeres Erkrankungsrisiko haben. Während das Risiko der Erkrankung sonst bei 1 % liegt, ist es für Kinder eines schizophrenen Elternteils mit 10 % bereits erheblich höher und steigt auf über 30 %, wenn beide Eltern an Schizophrenie erkrankt sind.

Wie bei den meisten anderen Merkmalen ist auch hier von einem polygenetischen Erbgang auszugehen, also von einer von mehreren unabhängig vererbten Genvarianten erzeugten Disposition für die Entwicklung der Störung. Bemerkenswerterweise sind in den Familien schizophrener Patienten nicht nur gehäuft weitere Schizophreniefälle zu finden, sondern auch Störungsbilder, die man dem »Schizophreniespektrum« zurechnet, also etwa eine Schizoide Persönlichkeitsstörung oder eine Schizotypie (▶ Kap. 3.7).

3.6 Ursachen und Entstehungsmechanismen

Als wichtigste Ursache der Schizophrenie wird die Vererbung angesehen, und die Forschung hat bereits einige der Kandidatengene vergleichsweise sicher identifiziert. Beispielsweise ist u. a. jenes Gen verändert, welches die Ausreifung der Nervenzellen und ihrer Verbindungen (Synapsen) determiniert. Weiter dürften Infektionen der Schwangeren ein nicht unbeträchtliches Schizophrenierisiko für das Kind bedeuten, daneben ein gestörter Geburtsvorgang mit Sauerstoffmangelversorgung. Bei unseren Versuchen, posthume Diagnosen von Schizophrenie zu stellen, ist diese Möglichkeit dann besonders ins Auge zu fassen, wenn in der Familiengeschichte der betroffenen Person keine weiteren ähnlichen Fälle erwähnt werden. Die allein durch Drogenkonsum induzierten Schizophrenien sind sicher ebenfalls nicht selten, dürften aber bei den meisten im Folgenden dargestellten Persönlichkeiten keine Rolle gespielt haben – mit der eventuellen Ausnahme des Malers van Gogh.

Plausibel, aber nicht unumstritten ist die Annahme, dass die Entstehung der Schizophrenie auf einer gestörten Reifung des präfrontalen Kortex beruht, einer sich erst spät in der Evolution in voller Größe entwickelnde Hirnstruktur, die nicht zuletzt das planerische Denken leistet und zu diesem Zweck »irrationaler« vorgehende Teile des limbischen Systems hemmt. Insofern wäre mit einer Minderaktivität des präfrontalen Kortex (die sich zuweilen an einer Verkleinerung dieses Areals zeigt) auch zumindest teilweise die Positivsymptomatik erklärt.

Das Ganze wurde hier in erheblicher Vereinfachung dargestellt und auf gewisse Schwierigkeiten dieser Annahmen nicht eingegangen. Für Genaueres sei auf die entsprechenden Abschnitte in Köhler (2017) verwiesen.

3.7 Schizotypie und andere Schizophreniespektrumsstörungen

In der psychiatrischen Praxis macht man rasch die Erfahrung, dass die Entscheidung, ob ein bestimmter Patient die Diagnose Schizophrenie erhalten soll, in vielen Fällen keineswegs einfach ist. Während einige Symptome eindeutig dafür sprechen, fehlen andere wichtige oder es liegen sogar Anzeichen vor, die regelrecht gegen diese diagnostische Einordnung sprechen. Früher stellte man in einem solchen Fall die Diagnose Grenzschizophrenie oder Borderline-Schizophrenie.[6] Mittlerweile ist dafür die eigene Bezeichnung Schizotypie (schizotype Störung) geschaffen worden.

Das gleiche Symptombild heißt in DSM-5® Schizotype Persönlichkeitsstörung, wird also konzeptuell noch weiter abseits von der Schizophrenie angesiedelt. ICD-10 (S. 139f.) definiert die schizotype Störung als eine »Störung mit exzentrischem Verhalten und Anomalien des Denkens und der Stimmung, die schizophren wirken, obwohl nie eindeutige und charakteristische schizophrene Symptome aufgetreten sind«. In einer Liste von Symptomen, von denen kein einziges als »beherrschendes oder typisches Merkmal« herausgestellt wird, sind einige aufgeführt, die eher der Schizoiden oder Paranoiden Persönlichkeitsstörung entsprechen, etwa Kälte und Unnahbarkeit, Tendenz zu sozialem Rückzug, zwanghaftes Grübeln, Misstrauen und paranoide Ideen. Andere, etwa »ungewöhnliche Wahrnehmungserlebnisse mit Körpergefühlsstörungen oder anderen

---

6 Der veraltete Begriff Borderline-Schizophrenie darf nicht mit »Borderline-Persönlichkeitsstörung« verwechselt werden, welche vornehmlich durch eine ausgeprägte emotionale Instabilität gekennzeichnet ist; Wahn, Halluzinationen, Ich-Störungen sowie die Negativ- und psychomotorischen Symptome hingegen fehlen.

Illusionen, Depersonalisations- oder Derealisationserleben« sowie »gelegentliche vorübergehende quasipsychotische Episoden mit intensiven Illusionen, akustischen oder anderen Halluzinationen und wahnähnlichen Ideen«, lassen die Beziehung zur Positivsymptomatik der Schizophrenie erkennen. Eine dritte Gruppe, zu der »seltsames, exzentrisches oder eigentümliches Verhalten und Erscheinung«, »seltsame Glaubensinhalte und magisches Denken« sowie schließlich Eigenheiten von Denken und Sprache gehören (Vagheit, Umständlichkeit, Gekünsteltheit, dabei aber Fehlen von Zerfahrenheit), nehmen eine Zwischenstellung ein. Nicht angeführt sind jedoch die Negativsymptome und die bei Schizophrenie nicht seltenen mehr oder weniger ausgeprägten psychomotorischen Auffälligkeiten. Entwicklung und Verlauf der schizotypen Störung ähneln einer Persönlichkeitsstörung, »gelegentlich« entwickle sich eine »eindeutige Schizophrenie«. Sofern sich nicht doch eine Schizophrenie ausbildet, hat die Schizotypie (schizotype Störung) einen weniger fluktuierenden Verlauf, und Übergänge in ein regelrechtes Residuum mit zunehmenden sozialen Problemen dürften eher die Ausnahme darstellen.

Angesichts der wenig präzisen Bestimmungsstücke und der Probleme bei der eindeutigen Abgrenzung von anderen psychischen Störungen ist es verständlich, dass diese diagnostische Kategorie »nicht zum allgemeinen Gebrauch empfohlen« wird. Gleichwohl wird die Diagnose Schizotypie offenbar zunehmend häufiger gestellt.

Mittlerweile hat sich der Begriff der Schizophreniespektrumstörungen durchgesetzt, die von den zwar auffälligen, aber weit vom Vollbild einer Schizophrenie entfernten Symptombildern der Schizoiden und Paranoiden Persönlichkeitsstörungen über die Schizotypie zur eindeutig ausgeprägten Schizophrenie reichen. Dieses Kontinuum gibt auch insofern konzeptuell Sinn, als Übergänge in ein anderes Symptombild im Verlauf möglich sind und zudem Personen mit Schizophrenie gehäuft Verwandte mit einer dieser Spektrumstörungen haben. Es ist daher eine plausible Annahme, dass es sich um mehr oder weniger stark ausgeprägte (wohl wesentlich genetisch determinierte) hirnorganische Besonderheiten handelt.

3.8 Schizoaffektive Störungen

Bei den schizoaffektiven Störungen, deren nosologische Zuordnung nach wie vor nicht unumstritten ist, aber zunehmend in der Fachliteratur als eigene Krankheitseinheiten aufgefasst werden, handelt es sich um »Mischpsychosen«: Gleichzeitig oder nur durch wenige Tage getrennt liegen dabei Symptome sowohl affektiver Störungen (manische Hochgestimmtheit oder depressive Verstimmung) als auch solche der Schizophrenie vor, etwa Wahnvorstellungen, insbesondere Kontrollwahn oder Gedankenausbreitung. Entsprechend unterscheidet man in der ICD-10 eine »schizoaffektive Störung, gegenwärtig manisch« und eine »schizoaffektive Störung, gegenwärtig depressiv«. Bei den manischen Formen ist der Beginn meist akut, es folgen ein kurzer Verlauf und typischerweise eine vollständige Rückbildung der Symptomatik. Antrieb und Stimmung sind gesteigert; es kann gereizt-aggressives Verhalten mit Verfolgungswahn auftreten. Die depressiven Formen der schizoaffektiven Psychosen zeichnen sich durch herabgesetzte Stimmung und Antrieb aus, verbunden mit diversen körperlichen Symptomen wie Schlaflosigkeit, Appetit- und Gewichtsverlust. Kontroll- und Verfolgungswahn mit der Vorstellung sich ausbreitender Gedanken und akustische Halluzinationen sind gleichzeitig Symptome der Schizophrenie. Die Prognose ist i. A. günstiger als bei den schizophrenen Erkrankungen; Übergänge in einen Residualzustand werden eher selten beschrieben.

Die Diagnose Schizoaffektive Störung wird bei einigen der im Weiteren betrachteten Personen in Betracht gezogen werden müssen, insbesondere dann, wenn die Symptomatik eher kurz andauerte und keine nachfolgenden Persönlichkeitsveränderungen dokumentiert sind.

3.9 Bekannte Personen mit Verdacht auf Schizophrenie

3.9.1 Vorbemerkungen

Aus dem oben Gesagten ergibt sich, dass die Diagnose Schizophrenie erst nach ausführlicher psychiatrischer Exploration gestellt werden kann – und auch unter diesen Bedingungen weichen bekanntlich die Einschätzungen unterschiedlicher Untersucher über ein und denselben Patienten oft erheblich voneinander ab. Damit können die Berichte von Chronisten, die nicht speziell psychiatrisch geschult waren (und erst recht nicht bezüglich eines Krankheitsbildes, das überhaupt erst gegen Ende des 19. Jahrhunderts als einheitliche Störung mit unterschiedlicher Symptomatik gesehen wurde), für eine Diagnosestellung – außer in ganz offensichtlichen Fällen – nicht ausreichen. Gedankenlautwerden und Gedankeneingebung manifestieren sich nicht in unmittelbar ersichtlichem Verhalten, und anders als bei der Syphilis, bei der die Erinnerung an die Erstinfektion und der eventuelle Obduktionsbefund die Diagnose wahrscheinlicher machen, helfen bezüglich Schizophrenie Anamnese und Autopsie kaum weiter.

3.9.2 Johanna die Wahnsinnige (1479–1555)

Vorbemerkungen
Dass diese Person, die nie politische Entscheidungen von nennenswerter Tragweite treffen konnte, dennoch für die

Nachwelt so interessant bleibt, liegt zunächst darin, dass ihr Wahnsinn – alles andere zu behaupten, halte ich für tolldreist – in unglaublichem Maße fasziniert und das Groteske einer Schizophrenie eindrucksvoll demonstriert. Es kommt hinzu, dass diese bedauernswerte, für Jahrzehnte ihres Lebens in Isolation gehaltene Frau die Mutter zweier der einflussreichsten Personen des 16. Jahrhunderts war, nämlich von Karl V., Kaiser des Heiligen Römischen Reiches Deutscher Nation (später nur noch König von Spanien), und von Ferdinand I., der die Kaiserwürde von seinem älteren Bruder übernahm. Es ist auch die erste Person der Geschichte überhaupt, bei der aufgrund des historischen Materials eine psychiatrische Diagnosestellung legitim scheint.

Leben und Werk

Johanna (Juana) (▸ Abb. 9) wurde als drittes Kind der »katholischen Könige« (reyes católicos) Isabella von Kastilien und Ferdinand von Aragon geboren, welche gemeinsam mit sehr ähnlichen politischen Vorstellungen ein Reich regierten, das etwa dem heutigen Spanien entspricht (inkl. der Kanarischen Inseln und der Balearen) sowie Teile Italiens umfasste – noch zu Lebzeiten Johannas kamen ausgedehnte überseeische Besitzungen hinzu. Über Juanas Jugend ist wenig bekannt, denn als dritte Anwärterin der Thronfolge war ihr mit gewisser Wahrscheinlichkeit nur das übliche Schicksal hochadliger Töchter bestimmt, im günstigsten Fall einen Regenten zu heiraten, möglichst früh möglichst viele Kinder zu gebären und irgendwann im Kindbett zu sterben. Ganz danach sah es auch aus, als Kaiser Maximilian I. seinen ältesten Sohn Philipp (seinen mutmaßlichen Nachfolger auf dem Thron des Heiligen Römischen Reiches Deutscher Nation) 1495 mit Johanna verheiratete, die ihm in rascher Folge drei Kinder schenkte, darunter Karl (1500 geboren, späterer Kaiser Karl V.). Sie blieb immerhin lange genug am Leben, um nicht nur ein

Abb. 9 Johanna die Wahnsinnige (ca. 1500)

Riesenreich zu beherrschen und in eine Reihe von Kriegen involviert zu sein, sondern auch zahlreiche Nachkommen in die Welt zu setzen. Die sprichwörtlich glückliche Heiratspolitik der Habsburger – *bella gerant alii, tu felix Austria nube* – war hier von besonderer Fortune gesegnet: In rascher Folge starben Johannas ältere Geschwister, und das wohl schon früh etwas sonderbare Mädchen war nunmehr potenzielle Regentin über Kastilien und Aragon. Zwar wurde sie als solche von der Ständeversammlung anerkannt, aber Isabella von Kastilien, die um den psychischen Zustand ihrer Tochter wusste, hatte verfügt, dass vorläufig Ferdinand mitregieren, nach dessen Tode aber die Mitherrschaft an den erstgeborenen Sohn Karl übergehen sollte.

Johannas Ehemann Philipp der Schöne hatte unzweifelhaft zahlreiche Affären, und seine Gemahlin war ständig gequält von Eifersucht, wurde gegen die Mätressen auch mehrfach in brutaler Weise handgreiflich. Als Philipp plötzlich starb, wurden die schon zuvor auf Schizophrenie deutenden Symptome der jungen Königin manifest. Nachdem der Leichnam bereits drei Monate nahe Burgos (Nordspanien) begraben lag, befiel Johanna die Idee, dass ihr Gemahl sich eigentlich die Kathedrale in Granada als Grabstätte gewünscht hatte, ließ den Körper ausgraben und in Richtung Südspanien transportieren. Der gespenstische Zug, mit zahlreichen Soldaten, allerhand Geistlichkeit und natürlich Johanna selbst, reiste nur nachts. Tagsüber wurde der Sarg in Klöstern am Weg aufgebahrt, wo Soldaten Wache hielten und jedem weiblichen Wesen eine Annäherung verwehrten. Die zu Lebzeiten ihres Manns sicher begründete Eifersucht hatte nun eindeutig wahnhafte Formen angenommen; der groteske Höhepunkt wurde erreicht, als die Haltestation ein Nonnenkloster sein sollte, was Johanna dadurch vermied, dass sie den Kadaver aus dem Sarg holte – dabei noch einmal seine Identität kontrollierte – und bis zum Weiterzug auf einer Wiese zwischenlagerte. Mittlerweile wurde die Regentin immer apathischer, vernachlässigte ihre Amtsgeschäfte und vor allem auch ihre Körperpflege, sie verwahrloste zusehends. Als der Zug nach mehr als zwei Jahren Dauer Tordesillas erreichte – also kaum vorangekommen war –, setzte sie ihr Vater Ferdinand dort fest und brachte sie im zum Kloster umgebauten Palast unter. Auch ihr Sohn Karl, der mittlerweile nicht nur Herr über die spanischen Erblande war, sondern auch Spanien und seine Kolonien regierte – dies auf einer rechtlich unklaren Basis mit formaler, aber tatsächlich nicht gegebener Beteiligung seiner Mutter –, hob diesen Arrest nicht auf. In Tordesillas verstarb Johanna schließlich Jahrzehnte später, verschmutzt und mit den eigenen Fäkalien übersät, zudem gelähmt und seit Jahren bettlägerig.

Unwahrscheinlich ist, dass Kaiser Karl seine Mutter absichtlich unter schlechten Bedingungen hielt und verwahrlosen ließ. Letzteres war sicher krankheitsbedingt, was sich bereits Jahrzehnte zuvor angedeutet hatte. Andererseits war er über den Tod seiner Mutter, die ja nie aufgehört hatte, rechtmäßige Königin von Spanien zu sein, aus politischen Gründen wohl nicht unfroh.

Der Leichnam Philipp des Schönen kam übrigens doch noch in der Kathedrale von Granada an, und seine Ehefrau wurde später an seiner Seite beigesetzt.

Krankengeschichte

Dass Johanna, Tochter der katholischen Könige, an einer schweren psychischen Störung litt, steht außer Frage. Die zuweilen zu lesenden Versionen, sie wäre nur aus politischem Kalkül interniert und an den Regierungsgeschäften gehindert worden, übersehen, dass diese Person tatsächlich nicht regierungsfähig war. Ein bei Álvarez (2005, S. 120) abgedrucktes Dokument Johannas zeigt drastisch ihren Geisteszustand:

»›Die Angelegenheiten des Staates könnten warten, aber kümmern müsse man sich um die religiösen Dinge, und andere Personen, die beim Leichnam des Königs, meines Herrn, dienen, den Gott selig habe.‹«

Dass Isabella von Kastilien sie als Nachfolgerin auf dem Thron der beiden Reiche (also Spaniens) einsetzte – und nicht wie Philipp II. seinen Sohn Don Carlos explizit von der Thronfolge ausschloss –, lag sicherlich daran, dass nur so unkompliziert die Herrschaft an ihre Enkel (in diesem Fall Karl) übergehen konnte. Isabella hatte jedoch dafür gesorgt, dass es im günstigsten Fall nie zur Alleinherrschaft Johannas kam – dieser trat bekanntlich ein, da Ferdinand seine Frau um zwölf Jahre überlebte und sehr bald nach dessen Tod sein Enkel Karl als spanischer König bestätigt wurde.

Es gibt einige Hinweise darauf, dass Johannas Störung schon bald auftrat und sich in Apathie und Vernachlässigung der Körperhygiene zeigte. Auch im Umgang mit ihrer Mutter Isabella zeigte sie Auffälligkeiten, schließlich in den vielen Eifersuchtsszenen, die zwar sachlich zweifellos begründet waren, aber in ihrer ungeheuren Impulsivität pathologische Züge annahmen. Allgemein sichtbar – nun auch für die spanische Öffentlichkeit, die ihrer Königin spätestens dann den Beinamen »la loca« (die Verrückte bzw. die Wahnsinnige) gaben – wurde die psychotische Symptomatik bei der Exhumierung von Philipp und jenem makabren Leichenzug, der nach zwei Jahren noch nicht einmal aus der Provinz Castilla y León herausgekommen war, als Ferdinand dem Treiben ein Ende setzte und Johanna internieren ließ. Die Vorstellung, den verwesenden Leichnam durch Soldaten vor zudringlichen Frauen schützen zu müssen und sicherheitshalber aus diesem Grunde nicht einmal in einem Nonnenkloster zu quartieren, sondern lieber auf einer offenen Wiese, kann nur als wahnhaft bezeichnet werden. Wahrscheinlich in den Bereich der Phantasie gehört allerdings die zuweilen zu lesende Beschreibung, Johanna hätte jeden Tag den Sarg geöffnet und den verwesenden Körper liebkost. Auch die bei Bankl (1978, S. 31 f.) zu findende Darstellung, derzufolge Philipp lange überhaupt nicht begraben wurde und stattdessen die untröstliche Witwe versucht hätte, den von ihr nur als scheintot angesehenen Körper mit Küssen und Umarmungen zum Leben zu erwecken, würde zwar gut zur Störung Johannas passen, ist aber nicht belegt.

Als mögliches Symptom bei paranoider Schizophrenie nennt die ICD-10 (S. 131) explizit den Eifersuchtswahn, und paranoide Schizophrenie ist bezüglich Johanna mit

Abstand die wahrscheinlichste Diagnose. Eine schizoaffektive Störung zeigt kürzere Episoden (auch wenn immer wieder Rezidive vorkommen), für eine schizotype Störung ist die Wahnsymptomatik zu ausgeprägt und zu andauernd. Zudem passt die bereits früh auftretende Negativsymptomatik, die sich merklich im Laufe der Jahre verschlechterte, nicht dazu. Bei einer früh auftretenden Demenz – wofür auch die Symptomatik untypisch wäre – hätte Johanna nicht so lange leben können. Eine Depression (wie manche es vermuten) hätte andere Wahninhalte (▶Kap. 4.2) und einen gänzlich anderen Verlauf gezeigt.

Interessant ist in diesem Zusammenhang, dass Johannas Großmutter (die Mutter Isabellas von Kastilien) Isabella von Portugal ebenfalls jahrelang auf einer Burg interniert wurde und dort verwirrt starb. Von Johannas Nachkommen (z. B. ihren politisch sehr mächtigen Söhnen Karl und Ferdinand und den auf sie zurückgehenden unzähligen Habsburgern) wird hingegen nichts Entsprechendes berichtet – oder wenn, so sind die Zusammenhänge unklar.

3.9.3 Friedrich Hölderlin (1770–1843)

Vorbemerkungen

Die in der zeitlichen Abfolge nächste Person, deren psychische Störung dokumentarisch gut belegt ist und bei welcher mit gewisser Sicherheit eine zutreffende psychiatrische Diagnose gestellt werden kann (nämlich Schizophrenie) ist der Dichter Friedrich Hölderlin, der nach wie vor eine gewisse Bekanntheit genießt, jedoch höchst umstritten bleibt. Die einen schätzen den dunklen Tiefsinn seiner Texte, andere halten den Sprachstil für bizarr und die Aussagen für weitgehend unverständlich. Unfruchtbar scheint es jedoch, eine psychiatrische Diagnose zur Stützung der einen oder anderen Position heranzuziehen.

Abb. 10 Friedrich Hölderlin (1792)

Leben und Werk

Friedrich Hölderlin (▸ Abb. 10) wurde 1770 in Lauffen am Neckar nahe Tübingen geboren. Sein Vater (der sehr jung starb) war Jurist, seine Mutter stammte aus einer pietistischen Pastorenfamilie und bestimmte für ihren Sohn schon früh den Beruf des Pfarrers. Folgerichtig wurde er auf die (streng geführten) Klosterschulen Denkendorf und Maulbronn geschickt. In beiden litt Hölderlin sehr, und auch die folgenden Jahre im Evangelischen Stift in Tübingen, wo er nun gezielt auf den Pfarrberuf vorbereitet wurde, schienen ihm nicht wesentlich besser. Mittlerweile hatte er seine Liebe zur Poesie entdeckt, bestand zwar das Magisterexamen in Philosophie (die ihn mit Hegel und Schelling zusammenbrachte und zeitlebens begeisterte) und eine wichtige theologische Prüfung, hatte sich mittlerweile aber endgültig von dem Vorhaben verabschiedet, schwäbischer Pfarrer zu werden. Offenbar zeigten sich bereits in den Tübinger Jahren, vielleicht sogar schon früher, gewisse Auffälligkeiten (▶ Krankengeschichte).

Hölderlin verließ also das Stift, wechselte oft seinen Aufenthalt, verdiente Geld im Wesentlichen als Hauslehrer, traf namhafte Dichter (entwickelte mit Schiller eine vergleichsweise intensive Freundschaft), begann an seinem Versroman Hyperion zu schreiben, blieb aber anscheinend wenig stringent bei seiner dichterischen Tätigkeit (u. a. dem Drama Empedokles, welches ein Fragment bleiben sollte) und kehrte 1802 wieder vorübergehend nach Tübingen zurück, wo seine Freunde eine auffällige Wesensveränderung konstatierten. 1805 kam es zum eindeutigen Ausbruch psychotischer Symptomatik, als Hölderlin wegen revolutionärer Tätigkeit verhaftet werden sollte, dem aber dadurch entging, dass ihm von amtlicher Seite eine Geistesstörung attestiert wurde. Gegen seinen Willen wurde er in eine Klinik gebracht, dort über ein halbes Jahr verwahrt – von wirksamer antipsychotischer Therapie konnte damals natürlich keine Rede sein – und schließlich zwar nicht als geheilt, so doch als ungefährlich entlassen. Die restlichen 36 Jahre verbrachte er in dem berühmten Tübinger Turm auf dem Anwesen eines Schreinermeisters, der schon lange Hölderlins Werke schätzte und sich fortan um ihn kümmerte, ihn teilweise auch zur Feld- oder Gartenarbeit mitnahm. Hölderlin schrieb weiter, oft sehr befremdend, dann wieder in überraschender Klarheit, empfing – meist widerwillig – Besucher, die er häufig rüde behandelte, führte unverständliche Selbstgespräche und starb schließlich, immerhin 73 Jahre alt, an den Folgen einer Erkältung (im Wesentlichen nach Martens 2010).

Krankengeschichte

Richtig manifest wurde Hölderlins psychische Störung vergleichsweise spät. Zwar zeigen einige seiner frühen Briefe gewisse Manieriertheiten im Stil, und auch ein sehr impulsiver Ausbruch des sanftmütig Wirkenden ist bemerkenswert, als er mit 19 Jahren dem Lehrer einer Mädchen-Grundschule mit folgenden Worten den Hut vom Kopf schlug: »[W]eiß er nicht, daß es seine Schuldigkeit ist vor einem Stipendiaten den Hut abzunehmen?« (zit. nach Martens 2010, S. 31f.). Gleichwohl bewältigte Hölderlin die an ihn angestellten Anforderungen und bestand problemlos die schwierigen Examina. In den anschließenden Wanderjahren scheinen sich erste depressive bzw. antriebslose Zustände eingestellt zu haben, und bei seiner Rückkehr nach Tübingen im Jahre 1802 waren Bekannte entsetzt über die Wesensveränderungen: »›Er war leichenbleich, abgemagert, von hohlem wilden Auge, langem Haar und Bart, und gekleidet wie ein Bettler.‹« Eine Beschreibung Schellings belegt die typische schizophrene Zerfahrenheit und die einsetzende Negativsymptomatik:

> »›Es war ein trauriges Wiedersehn, denn ich überzeugte mich bald daß dieses zart besaitete Instrument auf immer zerstört sey. Wenn ich einen Gedanken anschlug, der ihn ehmals ansprach, war die erste Antwort immer richtig und angemessen, aber mit dem nächsten Wort war der Faden verloren.‹« (ebd., S. 121)

Trotzdem verließ Hölderlin noch einmal Tübingen und ging nach Homburg bei Frankfurt, wo er mit finanzieller Nachhilfe eines Freundes – eher pro forma – die Stelle eines Hilfsbibliothekars bekam, sich aber immer mehr zurückzog und stundenlang wild auf einem Klavier spielte. Schließlich, etwa ein Jahr später, musste derselbe Freund Hölderlins Mutter schreiben: »›Es ist daher nicht möglich, dass mein unglücklicher Freund, dessen Wahnsinn eine sehr hohe Stufe erreicht hat, länger eine Besoldung beziehe und hier in Homburg bleibe, und ich bin beauftragt Sie zu ersuchen, ihn hier abholen zu lassen.‹ « Er fügt hinzu:

» ›Seine Irrungen haben den Pöbel dahier so gegen ihn aufgebracht, dass bei meiner Abwesenheit die ärgsten Misshandlungen seiner Person zu befürchten stünden, und dass seine längere Freiheit selbst dem Publikum gefährlich werden könnte, und da es keine solchen Anstalten im hiesigen Lande sind, es die öffentliche Vorsorge erfordert, ihn von hier zu entfernen.‹ « (zit. nach Gonther u. Schlimme 2010, S. 13)

Immerhin dauerte es noch mehr als einen Monat, bis Hölderlin abgeholt und nach Tübingen in eine Anstalt für Geisteskranke gebracht wurde, wo er unter strenger Beobachtung stand und über ein halbes Jahr blieb. Offenbar war er aber mittlerweile wenigstens nicht mehr so hochgradig erregt und konnte als Mieter das Zimmer im erwähnten Philosophenturm beziehen, wo er allerdings zunächst wiederholt Wutausbrüche hatte und erst im Laufe der Zeit ruhiger (und dabei zunehmend apathischer) wurde, bis schließlich ein sanfter Tod ihn erlöste.

Die mit Abstand wahrscheinlichste Diagnose ist die einer Schizophrenie, die angesichts der Erregungszustände zumindest zeitweise katatone Züge annahm – von Wahnideen und Halluzinationen wird nicht berichtet – und schließlich in einen Residualzustand überging. Immerhin finden sich noch erstaunlich vernünftige (kurze) Texte von ihm, die er aber in seiner bizarren Art beispielsweise mit Scardanelli unterzeichnete. Auch zeigen die schon bei Lange (1909, S. 86) zitierten Textstellen deutlich die Manierismen der Sprache sowie die eigenartigen Wortneuschöpfungen (Neologismen). Als Alternativdiagnose käme am ehesten eine progressive Paralyse in Frage, wozu auch Wutanfälle gehören können – man denke an die in Kapitel 2 beschriebene Symptomatik bei Schumann, Smetana und Nietzsche. Dagegen spricht allerdings eindeutig, dass Hölderlin nach Abklingen seiner akuten Phase noch über 30 Jahre lebte.

3.9.4 Otto von Bayern (1848–1916)

Vorbemerkungen

Wenn dieser im vorliegenden Kapitel, das die besprochenen Personen chronologisch abhandelt, vor seinem älteren und ungleich bekannteren Bruder Ludwig II. besprochen wird, so liegt dies daran, dass sein Störungsbild höchst aufschlussreich ist und das seines Bruders besser verstehen lässt. Anders bei Ludwig, bei dem wir auf Mutmaßungen und unsichere, möglicherweise tendenziöse Laienaussagen angewiesen sind, wurde Ottos Krankheitsverlauf akribisch ärztlich dokumentiert.

Leben und Werk

Drei Jahre nach seinem Bruder geboren, war Otto eher extrovertiert und galt als lernfreudig, zeigte jedoch schon früh psychische Auffälligkeiten: Schweiggert (2016, S. 28), der sich hier wesentlich auf die Erinnerungen der Prinzessin Therese (einer Cousine der königlichen Brüder) und das ärztliche Bulletin von 1886 zur Feststellung seiner Regierungsunfähigkeit bezieht, berichtet, dass Otto schon im Alter von höchstens sechs Jahren »durch fixe Vorstellungen gequält« worden sei und »Stimmen gehört haben will, die ihm Vorschriften gemacht und Aufträge erteilt haben sollen«. Mit »sieben Jahren spürte er den Zwang, sich unzählige Male am Tag zu waschen, und als Dreizehnjähriger sammelte er seine Exkremente in ein Gefäß, das er dann aus dem Fenster entleerte«. Im Jahr 1865, fährt Schweiggert (S. 44) fort, »konstatierten die Ärzte erneut, dass Otto ›an qualvollen Zuständen von Angst und innerer Unruhe leide, Halluzinationen habe, gereizt sei und zu Gewalttätigkeiten neige‹«.

Im Alter von 19 Jahren stand der Prinz am Silvesterabend im Mittelpunkt eines eigenartigen Familienstreits, aus dem man eine beginnende Paranoia ableiten könnte. Im

Anschluss daran wurde Otto auf eine mehr als einjährige Reise nach Südeuropa und ins Heilige Land geschickt, wo er eine fieberhafte Infektion durchmachte (möglicherweise ein Malariaanfall). Inzwischen war Ludwig II. König geworden, und Otto hatte lediglich gewisse Repräsentationspflichten zu erfüllen, ging viel auf die Jagd, zu zahlreichen Gesellschafts- und Unterhaltungsveranstaltungen, besuchte zudem regelmäßig Bordelle. Mittlerweile zeigten sich zunehmend psychische Symptome, derentwegen er auch in intensiver ärztlicher Behandlung stand. Schließlich wurde er in der Residenz Nymphenburg untergebracht, und als dies wegen zunehmender Auffälligkeit nicht mehr durchführbar war, im Jagdschloss Fürstenried unter Aufsicht von Pflegern der Münchner Irrenanstalt interniert – mittlerweile war er offiziell entmündigt worden. Nach dem Tod seines Bruders Ludwig wurde Otto formal König von Bayern, die Amtsgeschäfte übte jedoch sein Onkel, der Prinzregent Luitpold, aus. Nach dessen Tod 1912 wurde Luitpolds Sohn als Ludwig III. offiziell König von Bayern. Otto starb 1916 (immerhin 68 Jahre alt).

Krankengeschichte
Die ersten unübersehbaren psychischen Symptome traten schon in der Kindheit auf (s. oben), und als mit 19 Jahren der erwähnte Familienstreit erfolgte, wurde klar, dass diese kindlichen Auffälligkeiten sich nicht mehr verlieren würden – wie man lange gehofft hatte. Anfang der 1870er-Jahre wurde Otto auf Befehl seines königlichen Bruders mehrfach psychiatrisch begutachtet und bald danach unter pflegerische Aufsicht gestellt; zudem protokollierten zwei Ärzte täglich sein Befinden. Berichtet wird schon früh von Angst und innerer Unruhe, später u. a. von Sinnestäuschungen (mit anderen Worten: Halluzinationen), erheblichen Stimmungsschwankungen, Neigung zu Gewalttätigkeiten. Auch ist die Rede von unartikulierten Lauten und Schreian-

fällen. Weitere Symptome, welche die Diagnose einer Schizophrenie kaum zweifelhaft scheinen lassen, kamen hinzu: Er vernachlässigte die Körperpflege, nahm oft für lange Zeit keine Nahrung zu sich, weigerte sich im Winter 1871 acht Wochen lang, seine Stiefel auszuziehen, bis die Schmerzen an den Füßen unerträglich wurden (Schweiggert 2016, S. 94).

1872 wurde das weit von der Innenstadt gelegene Schloss Nymphenburg als Ottos Aufenthalt bestimmt, was er zwar nach gewissen Widerständen geschehen ließ, aber sich in einem Brief an den Bruder bitter beklagte: Zwar räumte er ein, »von schlimmen, fieberhaften Träumen u. düsteren Ahnungen« gepeinigt zu sein, sagte jedoch: »›Ich protestire hiemit feierlich gegen jenen Gewaltact u. gegen jene Behandlung eines freien, majorennen Prinzen des Königl. Hauses (…). Du hast nicht das Recht mir im Inlande zu befehlen, mich an diesen oder jenen Ort zu begeben.‹« (zit. nach Schweiggert 2016, S. 101 f.) Wenig später übernahm Prof. Bernhard von Gudden, der bei der Absetzung Ludwigs bekanntlich eine zentrale Rolle spielte, die Oberaufsicht der Behandlung, die vor Ort (mittlerweile im wohnlich-behaglich eingerichteten Schloss Fürstenried) weiterhin durch andere Ärzte erfolgte.

Am Fronleichnamstag des Jahres 1875 ereignete sich der berühmte Auftritt im Münchener Liebfrauendom, der nun auch der Bevölkerung Ottos Zustand vor Augen führte: Während des Hochamts warf er sich auf die Stufen des Altars, bekannte seine Schuld und flehte, Gott möge ihm diese vergeben. Die Krankheit verschlechterte nun sich zusehends. 1878 wurde Otto durch seinen königlichen Bruder, der sich schon seit längerer Zeit regelmäßige Protokolle von den behandelnden Ärzten zukommen ließ, entmündigt, aber nicht seines Thronrechts enthoben. So ergab sich die Situation, dass er nach dem Tode Ludwigs 1886 formal König von Bayern war; allerdings machten sich die überlebenden Gutachter Ludwigs – von Gudden war bekanntlich zusammen mit dem König tot im Starnberger See aufgefunden worden – auf Anordnung der Regierung an »ein ärztliches Gutachten über den Geisteszustand Seiner Majestät Ottos I. von Bayern«.

» ›Aus den zur Verfügung gestellten Akten geht zur Evidenz hervor, daß schon seit einer großen Reihe von Jahren eine geistige Störung Allerhöchstdesselben besteht, welche (...) bald Exaltationszustände, bald depressive Zustände mit ängstlicher Aufregung oder stuporartigen Anfällen zu Tag förderte, lebhafte Sinnestäuschungen, Zwangsbewegungen und Wahnideen producirte und allmälig in einen mehr anhaltenden geistigen Schwächezustand mit vorübergehenden Aufregungsparoxysmen und Verwirrtheit überging.‹ « (zit. nach Schweiggert 2016, S. 162)

Die Verfasser folgern:

» ›Die unterzeichneten Ärzte geben daher ihr Gutachten einstimmig darüber ab, daß seine Majestät Otto I. von Bayern in Folge langjähriger und unheilbarer Geistesstörung als verhindert an der Ausübung der Regierung zu betrachten sei, und daß diese Verhinderung mit Bestimmtheit für die ganze Lebenszeit andauern werde.‹ « (ebd.)

Nach dem Tod Luitpolds im Jahre 1912 wollte sein Sohn Ludwig nicht als Prinzregent fungieren, sondern selbst König sein und ließ daher durch eine Kommission, der auch der berühmte Psychiater Emil Kraepelin angehörte, die endgültige Regierungsunfähigkeit Ottos konstatieren. Die Kommission suchte diesen auch in Fürstenried auf, der Besuch wird von Häfner (2011, S. 342) so wiedergegeben:

»Der König nahm jedoch keine Notiz von seinen Besuchern. Er stieß, durch kurze Pausen unterbrochen, unverständliche Worte hervor. Er begleitete seine Äußerungen mit stereotypen Gebärden: Vor- und Rückwärtsneigen und leichten Schlägen gegen das Türpolster. ›Vorübergehend geriet S. M. in heftigere Erregung, warf unter lautem Schelten seinen Hut zu Boden, nahm ihn wieder auf, schlug auch einige Male heftig gegen die Türe.‹ «

Im Bericht wird auch darauf hingewiesen, dass der König schon seit Langem schwere Selbstvernachlässigung zeige: »[E]r setze sich nicht mehr ordnungsgemäß zu Tisch, greife mit bloßen Händen in das Essen, vernachlässige die Sauberkeit und widerstehe Reinigungsbemühungen. Seinen Kot setze er in Schränke oder Schubläden ab.« Interessanterweise vermieden die Gutachter eine psychiatrische Diagnose, sondern gaben lediglich einen Befundbericht, nämlich einen »geistigen Schwächezustand mit lebhaften Sinnestäuschungen, der das Endstadium einer lang dauernden psychischen Erkrankung darstellt – unheilbar auf Lebensdauer«.

1916 verstarb Otto, mutmaßlich an einem Darmverschluss. In jedem Fall hatte sein Tod keine neurologische Ursache, etwa einen Schlaganfall, was neben vielem anderen gegen eine progressive Paralyse spricht. Die Leiche wurde seziert, und der Obduktionsbericht macht unmissverständlich klar, dass die zuweilen geäußerte Ansicht, Otto wäre an progressiver Paralyse (als Spätstadium der Syphilis) gestorben, nicht haltbar ist: »Insbesondere fehlen alle entzündlichen Veränderungen, die etwa mit einer im Leben erworbenen oder mit einer vererbten Infektionskrankheit in Zusammenhang stehen könnten« (zit. nach Schweiggert 2016, S. 214f.). Vielmehr deuten alle Hirnveränderungen auf das hin, was man früher als Dementia praecox bezeichnete, heute als Schizophrenie: »In ihrer Art und Anordnung entsprechen die Hirnveränderungen denen, die wir bei sehr lange bestehenden, weit fortgeschrittenen jugendlichen Verblödungsprozessen finden.«

An der Diagnose einer schweren psychischen Störung – was bei Ludwig bekanntermaßen kontrovers diskutiert wird – kann bei Otto kein Zweifel sein, zumal die Entmündigung von seinem Bruder veranlasst wurde (und nicht von dem Verschwörungstheoretikern so suspekten Prinzen Luitpold). Die Erkrankung kann letztlich vom Verlauf her nur Schizophrenie gewesen sein, die in einen schweren Residualzustand überging. Berichtet wird über akustische (stimmliche) und optische Halluzinationen, zudem von Wahnerleben – wobei allerdings der Schuldwahn eher schizophrenieuntypisch ist. Jedoch ist er möglicherweise nur der auffälligste und am besten dokumentierte Wahninhalt. Auch die Zerfahrenheit des Denkens und Redens ist unübersehbar: »Er stieß, durch kurze Pausen unterbrochen, unverständliche Worte hervor.« Hinzu kommen eine ganze Reihe psychomotorischer Symptome, etwa diverse Bewegungsstereotypien, sogar stuporöse Zustände (»stuporähnliche Anfälle«), schließlich die zunehmende Verwahrlosung, welche wohl ihren Höhepunkt darin hatte, dass er sich in Schränke und Schubladen entleerte. Von »Gedankenlautwerden« oder »Gedankenentzug« wurde zwar nicht explizit berichtet, möglicherweise aber auch nicht gezielt danach gefragt. Welche Unterform der Störung es war, ist nicht klar anzugeben, möglicherweise die »undifferenzierte Schizophrenie« (F20.3 nach ICD-10), welche Symptome verschiedener Unterformen zeigt.

Häfner (2011, S. 343 ff.) ist der Meinung, dass Otto in Wirklichkeit an progressiver Paralyse, einer Spätform der Syphilis, litt. Ich halte dies für extrem unwahrscheinlich. Zwar verkehrte Otto in zweifelhaften Bordellen, eine Syphilis-Infektion wäre somit durchaus denkbar, fast zu erwarten gewesen. Jedoch stand der Prinz sehr bald unter medizinischer Aufsicht, und es ist schier unmöglich, dass die behandelnden Ärzte, welche Mitte des 19. Jahrhunderts bestens über diese Krankheit Bescheid gewusst haben dürften und zudem das ausschweifende Leben Ottos kannten, die ersten Anzeichen von Lues I, das vorzugsweise im Genitalbereich lokalisierte Geschwür und die begleitende Lymphknotenschwellung, übersehen haben, auch nicht die auffälligen Hautveränderungen des Sekundärstadiums bemerkt hätten. In diesem Fall wäre mit Sicherheit bei dem prominenten Patienten eine Quecksilberbehandlung eingeleitet worden, die sehr wahrscheinlich einen Übergang in die Spätstadien verhindert hätte. Zudem sprechen sowohl die Symptome als auch der Verlauf dagegen: Der paralytische Zusammenbruch, der in Kapitel 2 als eindrucksvolles Krankheitsbild bei Smetana und Nietzsche geschildert wurde und in einen bestenfalls einige Jahre dauernden Dämmerzustand mündet, wird bei Otto nicht beschrieben. Zudem lebte der entmündigte König dafür viel zu lange (er wurde, wie erwähnt, 68 Jahre alt) – insbesondere wenn man bedenkt, dass die Erstinfektion, wenn sie überhaupt geschah, sehr früh stattgefunden haben muss. Setzt man als angenommenen paralytischen Zusammenbruch die Szene im Münchner Dom an (1875), so lebte der Patient danach noch 41 Jahre, während zwischen Nietzsches (angeblicher) Umarmung des Pferds in Turin und seinem Tod gerade mal 11 Jahre lagen (eine noch wesentlich kürzere Zeit bei Schumann und Smetana). Häfner ignoriert zudem den Sektionsbefund. Dieser sei nicht auffindbar, schreibt Häfner – erstaunlich, dass Schweiggert ihn so einfach entdecken konnte.

3.9.5 Ludwig II. von Bayern (1845–1886)

Vorbemerkungen

Dieser Abschnitt ist mit Abstand der längste in diesem Buch und wird möglicherweise kontrovers diskutiert werden. Zweifellos handelt es sich um eine weltweit bekannte Persönlichkeit, und der Krankheitsverlauf ist für psychiatrisch unerfahrene Personen in der Tat schwer nachvollziehbar. Es ist nicht leicht verständlich, dass jener schmucke (»fesche«) junge König (▸Abb. 11), der bei seinen Zeitgenossen und auch heute noch nicht nur in Bayern große Popularität genießt, sich binnen weniger Jahre körperlich sehr zu seinem Nachteil veränderte, zunehmend verwahrloste, wirre Befeh-

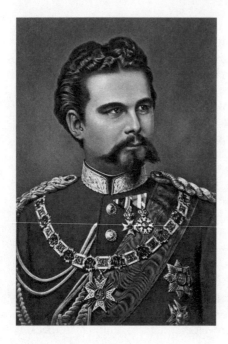

Abb. 11 Ludwig II. von Bayern

le gab und offenbar wiederholt schwer gewalttätig wurde. Hinzu kommt, dass das Sachverständigengutachten, welches Ludwig für geistesgestört und regierungsunfähig erklärte, allein auf der Auswertung von Berichten psychiatrisch ungeschulter Personen basierte. Eine spätere Untersuchung und die Protokollierung des weiteren Krankheitsverlaufs, wodurch mit großer Sicherheit die Diagnose Schizophrenie oder eine eng damit verwandte Störung bestätigt worden wäre, waren insofern unmöglich, als Ludwig bekanntlich den begleitenden Nervenarzt im Starnberger See ertränkte und für sich selbst wohl die gleiche Todesart wählte.

So entwickelten sich sehr bald die ersten Verschwörungstheorien, welche dem Prinzen Luitpold eine unheilvolle Rolle in dem ganzen Geschehen zuschrieben. In Wirklichkeit hat sich dieser keineswegs in die Position gedrängt, blieb Zeit seines Lebens nur »Prinzregent«, obwohl es ein Leichtes gewesen wäre, den geistesgestörten König Otto seines Amtes zu entheben – was Luitpolds Sohn Ludwig auch später veranlasste. Luitpold war bei seinem Volk durchaus beliebt, galt als leutseliger und umgänglicher Mensch; die vielen bayerischen Gasthäuser, die noch heute den Namen »Prinzregent« tragen, sind beredtes Zeichen jener Sympathie, die der angebliche Unhold seinerzeit genoss. Die Verschwörungstheorien fand schon früher insofern einen gewissen Nährboden, als Ludwigs Vater, Maximilian II. (»Max zwei«), unvermutet schnell gestorben war. Diese Theorien existieren heute noch und haben durch die Monografie des bekannten Psychiaters Häfner (2011) wissenschaftliche Schützenhilfe erhalten, obwohl die Symptome eindrucksvoll eine Störung aus dem schizophrenen Formenkreis nahelegen und der vollständige Bericht der Obduktion des Königs unzweideutig auf eine hirnorganische Erkrankung hinweist.

Leben und Werk

Ludwig wurde als erster Sohn des späteren bayerischen Königs Maximilian II. (1811–1864 [Regierungszeit: 1848–1864]) geboren, und zwar in einer langen und schwierigen Niederkunft. Seine Mutter Marie von Preußen hatte bereits einige Jahre zuvor eine Fehlgeburt erlitten. Anders als viele Biografien den Eindruck vermitteln, hatte Ludwig in Kindheit und Jugend diverse gesundheitliche Probleme (▶ Krankengeschichte). Er galt im Gegensatz zu seinem drei Jahre jüngeren Bruder Otto eher als still und introvertiert, war zudem schon früh an Kunst und Musik interessiert. Der Besuch des 16-jährigen Kronprinzen einer Aufführung von *Lohengrin* legte den Grundstein zu seiner lebenslangen Begeisterung für Richard Wagner, welche die damaligen Steuerzahler viel Geld kostete und von dem eigensüchtigen Komponisten bekanntlich weidlich ausgenutzt wurde.

Die Beziehung Ludwigs zu dem 32 Jahre älteren Wagner ging weit über das hinaus, was man als natürliche Bewunderung eines großen Musikers bezeichnen kann: Ludwig suchte in geradezu pathologischer Weise die Nähe des Komponisten, holte ihn unter großzügigsten Konditionen nach München, trug sich – nachdem Wagner aus München verwiesen werden musste – mit dem Gedanken, abzudanken, um in die Nähe des Meisters zu ziehen, was Wagner ihm wiederum ausreden konnte. Diesem lag zweifellos weniger an einem nahen Kontakt mit einem Ex-Monarchen, sondern an der weiteren Unterstützung eines nicht unvermögenden Regenten.

Das Ausmaß in der Störung von Ludwigs Verhalten (schon 1866) zeigt sich besonders in der Causa Hans von Bülow, Cosima von Bülow und Richard Wagner: Cosima, die Tochter Franz Liszts, war seit Jahren mit dem Dirigenten von Bülow verheiratet (der u. a. die Uraufführung von *Tristan und Isolde* sowie der *Meistersinger von Nürnberg* dirigierte) und hatte mit diesem auch zwei Kinder; das dritte und vierte in dieser Ehe geborene stammen mit großer Sicherheit von Wagner. Dass sich schnell Gerüchte entwickelten, war unvermeidlich, und Cosima sowie Richard schafften es tatsächlich, Ludwig zur Unterschrift unter einen Brief zu bewegen, in dem diese Spekulationen als haltlos bezeichnet wurden. Dass sich Cosima 1870 von von Bülow scheiden ließ, den inzwischen verwitweten Wagner heiratete, ist bekannt. Das dritte gemeinsame Kind war Siegfried – noch vor der Scheidung geboren, aber nun wenigstens ohne Leugnung der tatsächlichen Vaterschaft.

Andererseits ist unleugbar, dass sich diese Investitionen, denen nicht zuletzt das Festspielhaus in Bayreuth seine Existenz verdankt, sich für den bayerischen Staat mittlerweile vielfach ausgezahlt haben.

Nach dem überraschenden frühen Tod des Vaters wurde Ludwig – noch keine 19 Jahre alt – zum König gekrönt, und zwar als Ludwig II. von Bayern; sein Großvater, Ludwig I., hatte wegen des Lola-Montez-Skandals 1848 abgedankt und war während der ersten Regierungsjahre seines Enkels noch am Leben. Diese ersten Regierungsjahre waren zumindest in Bezug auf die politischen Entscheidungen unauffällig und durchaus in ihrem Handeln nachvollziehbar. Allerdings waren die Zeiten absolutistischer Monarchie in Bayern längst vorbei. Wesentliche Entscheidungen traf der Landtag, und die Regierung wurde im Großen und Ganzen von Ministern geführt – ähnlich wie in Preußen, wo die Geschicke des Landes vom Ministerpräsidenten Bismarck geführt wurden, nicht von König Wilhelm. Immerhin konnte der bayerische König die Regierung entlassen, und die Entscheidungen bedurften seiner Unterschrift (was das Regieren unter dem ständig abwesenden Monarchen so schwierig machte).

Ludwig traf sich mit verschiedenen Staatsoberhäuptern, zudem mit der Kaiserin Elisabeth von Österreich, die seit 1854 mit Kaiser Franz Joseph verheiratet war, aber ein Leben lang in enger, mysteriöser Beziehung zu Ludwig stand. Auch ein erstes Treffen mit Bismarck (übrigens das einzige) fand statt, der von dem jungen König durchaus angetan war, was sich günstig auf die Konditionen auswirkte, denen Bayern nach dem verlorenen Krieg 1866 unterworfen war. Preußen hatte sich zwar 1864 mit Österreich verbündet, um Dänemark Schleswig-Holstein abzunehmen, aber dieses Zweckbündnis war nur der erste Schritt in einem konsequent durchgeführten Plan, die deutschen Länder und Fürstentümer unter Preußens Führung zusammenzuschließen und dazu Österreich aus dem deutschen Bund herauszubrechen. Nachdem 1866 Preußen das unter österreichischer Herrschaft stehende Holstein annektiert hatte (nach Ansicht des größten Teils der Historiker widerrechtlich), rief Österreich den Bündnisfall aus, und Bayern stellte sich auf dessen Seite. Ludwig wollte zwar unbedingt vermeiden, dass es zum Krieg komme, und Preußen hatte wenigstens auf Bayerns Neutralität gehofft; jedoch war die Rechtslage zu eindeutig, um eine andere Entscheidung zu fällen. Nachdem Österreich in der berühmten Schlacht von Königsgrätz vernichtend geschlagen wurde und auch das schlecht ausgebildete und ausgerüstete bayerische Heer einige herbe Niederlagen gegen die militärisch bestens gedrillten preußischen Truppen erlitten hatte, kam Bayern in den Friedenverhandlungen mit sehr milden Bedingungen davon. Sicher war dies einerseits Folge der Tatsache, dass Ludwigs Mutter mit dem preußischen König eng verwandt war, andererseits wohl auch, dass Bismarck Ludwig schätzte und seine Unterstützung bei der Reichsgründung 1871 benötigte.

Implikationsreicher war, dass Bayern mit Preußen einen Bündnisvertrag eingehen musste, im 1870 begonnenen preußisch-französischen Krieg Ludwig – ungewohnt rasch entschlossen – die Mobilmachung befahl und einen Teil seiner Truppen preußischem Kommando unterstellte. Dies geschah insofern sicher nicht leichten Herzens, als Ludwig II. die absolutistischen französischen Könige geradezu abgöttisch verehrte – Schloss Herrenchiemsee wurde bekanntlich nach dem Vorbild von Versailles erbaut, und im Arbeitszimmer Ludwigs in Linderhof befand sich eine Büste von Marie Antoinette. Gleichwohl konnte so Bayern ohne allzu große Verluste an den glänzenden Siegen (speziell bei Sedan) teilhaben, und Ludwig II. war es, der Wilhelm in einem offiziellen Schreiben (de facto von Bismarck diktiert und überbracht in Versailles 1871 von Prinz Luitpold) aufforderte, die deutsche Kaiserwürde anzunehmen. Immerhin behielt das Königreich Bayern im Kaiserreich gewisse Selbstständigkeit.

Definitiv wäre es also eine Fehleinschätzung, in diesen schwierigen politischen Situationen Ludwig unkluge Entscheidungen vorzuwerfen. Weniger untadelig war allerdings sein Verhalten zu jener Zeit. In den Tagen des Kriegsausbruchs 1866 befand er sich gar nicht in seiner Residenz im verhassten München, sondern im Schloss Berg am Starnberger See, und eine bei Blunt (1970, S. 63f) zitierte Erinnerung eines Zeitgenossen lautet so:

»›In München erzählte man sich, von der Pforten, welcher nach Schloss Berg gefahren, um den König in dringenden Staatsangelegenheiten zu sprechen, sei nicht vorgelassen worden, und die Dienerschaft habe sogar die Meldung verweigert; eigenmächtig aber eingedrungen, habe der Minister den König und den Prinzen Taxis, als Barbarossa und Lohengrin kostümiert, in einem dunklen Saal bei künstlichem Mondschein getroffen.‹«

Und nachdem der König das lange in der Ausbildung sträflich vernachlässigte bayerische Heer in den absehbar zu verlierenden Krieg an der Seite Österreichs geschickt hatte, wurde wenigstens erwartet, dass er selbst das Oberkommando übernehmen würde. Das tat er aber nicht, sondern beauftragte einen bereits älteren Verwandten mit dieser Aufgabe. Es dauerte eine ganze Weile, bis der König endlich auf heftiges Drängen hin wenigstens einmal die Truppen besuchte (nach Blunt 1970, S. 64; nach Blunt auch im Wesentlichen die biografische Darstellung).

Nicht anders war Ludwigs Verhalten vier Jahre später, als der deutsch-französische Krieg bevorstand: Der König war angeblich auf einer Berghütte und wollte nicht gestört werden, hielt sich aber tatsächlich in Schloss Linderhof auf und fand sich erst nach einiger Zeit bereit, wenn schon nicht in die Hauptstadt München, so doch wenigstens in das zentraler gelegene Schloss Berg zu reisen. Die bayerischen Truppen besuchte er diesmal gar nicht, und als er am Tag der triumphalen Schlacht bei Sedan zufällig in München war und sich dem Volk zeigen sollte, tat er dies nicht, sondern – so Blunt (1970, S. 103) – »schützte wieder einmal seine berühmten Kopfschmerzen vor«.

Häfner (2011) erklärt solches Verhalten durch eine »soziale Phobie«, was eindeutig zu kurz greift. Was dem König zuwider war, tat er entweder gar nicht oder sehr verzögert und nur auf massiven Druck hin. Wenn ihm hingegen etwas zusagte, konnte er sogar sehr gesellig sein. Bei einem Besuch in Nürnberg, das ihm so gut gefiel, dass er überlegte, dem Rat Wagners zu folgen und seine Residenz dorthin zu verlegen, war solch eine Gelegenheit, und eine Lokalzeitung berichtete: »›[W]ohl noch nie habe sich ein Monarch in so unterschiedlicher Gesellschaft so gut unterhalten; vier Stunden lang hätte er ununterbrochen mit Damen aller Altersstufen und Schichten getanzt und freimütig mit allen Herren geplaudert, die ihm vorgestellt wurden.‹« (Blunt 1970, S. 68) Und wenn Ludwig zwischendurch (de facto über 200-mal) das Theater veranlasste, für ihn allein Privatvorführungen zu veranstalten, so ist hier der Begriff soziale Phobie nicht angebracht, sondern – gelinde gesagt – Exzentrizität, wie es der von der Mehrheit der Sachverständigen gestellten tatsächlichen psychiatrischen Diagnose entspricht.

In die frühen Regierungsjahre fiel auch die Ankündigung und kostspielige Vorbereitung einer Hochzeit (mit einer nahen Verwandten und Jugendbekanntschaft, der etwa gleichaltrigen Sophie). Die Zeremonie schob der König aber mehr und mehr hinaus und sagte sie schließlich ab, um dann für den Rest seines Lebens homosexuelle Freundschaften zu pflegen bzw. sich kurzen Beziehungen mit Männern unterhalb seines Standes und Bildungsniveaus hinzugeben. Wenig später widmete sich Ludwig ganz dem, was ihn in aller Welt so berühmt machen sollte und letztlich der Grund für seine Thronenthebung war, denn zum einen verschlangen die Bauten Millionen und zum anderen wurden die ohnehin schon geringen Interessen des Königs an den Regierungsgeschäften dadurch weiter reduziert.

Dass man Ludwig so lange gewähren ließ, war sicher nicht zuletzt der Tatsache zu verdanken, dass dies alles in den ersten Jahren nach dem deutsch-französischen Krieg geschah, die mit gewissem Wohlstand und mit einer nun recht stabilen politischen Lage einhergingen, in der die bayerische Regierung weder außen- noch innenpolitisch sehr gefordert war. Blunts Argument (1970, S. 111), dass die Baukosten von Linderhof, Neuschwanstein und Herrenchiemsee nicht höher als die bayerischen Reparationszahlungen an Preußen nach dem verlorenen Krieg 1866 waren, wirkt insofern wenig überzeugend, als die Schlösser nicht repräsentativen Zwecken zum Wohle des Landes, sondern ausschließlich dem Vergnügen des Königs und ausgewählter Gäste dienten und weitere Schlösser in Planung waren. So sollte die Burgruine Falkenstein im Stile einer Raubritterburg wieder aufgebaut werden, und sogar der Bau eines chinesischen Palastes war geplant. Vorbild, so Blunt, »war der Winterpalast in Peking, und Ludwig betrachtete ihn als Dekorum für auserlesene chinesische Zeremonien, bei denen seine Hofleute chinesische Kleidung tragen sollten« (S. 129). In einem Wald nahe Linderhof stand sogar schon der Rohbau eines Schlosses, welches als Pendant zur Amalienburg im Nymphenburger Park gedacht war und nach dem Tod des Königs wieder abgerissen wurde.

Für die Hauptstadt und ihre Bewohner sowie den Rest der bayerischen Bevölkerung tat König Ludwig (anders als sein Vater und Großvater) hingegen wenig, sieht man von der Gründung der Technischen Universität und der Errichtung mehrerer Nervenkrankenhäuser zur besseren psychiatrischen Versorgung der Bevölkerung ab.

Nach dem Tod von Ludwig I. erhöhte sich die Apanage des jungen Königs, und er begann nun Grundstücke zu erwerben, um auf ihnen Schlösser zu bauen. Alle lagen, abgesehen von der erst viel später in Angriff genommenen Anlage Herrenchiemsee, in der Umgebung von Schloss Hohenschwangau, welches sein Vater Max auf den Ruinen einer mittelalterlichen Festung gebaut hatte. In ihr hatte

Ludwig glückliche Kindertage verbracht, und auch später hielt er sich noch für lange Wochen dort auf. Die Hohenschwangau gegenüber liegende Ruine Vorderhohenschwangau wurde zu Schloss Neuschwanstein, mit dessen Bau 1869 begonnen wurde, der jedoch zu Lebzeiten des Königs nie vollendet wurde (gleichwohl aber nach einigen Jahren bewohnbar war, und hier erfolgte auch die Festsetzung Ludwigs 1886). Der Bau von Schloss Linderhof, etwa 20 Kilometer weiter östlich im Graswangtal, nahe Kloster Ettal gelegen, begann 1870 und wurde als einziges seiner Schlösser – sieht man vom kleinen 1870 errichteten Jagdschloss Schalchen ab – zu Ludwigs Lebzeiten vollendet (nämlich 1879). Teile davon bewohnte er in den ersten Jahren nach Baubeginn. 1873 kaufte er die große Insel Herrenchiemsee und legte 1878 den Grundstein für ein Schloss, welches Versailles nachempfunden wurde.

Neuschwanstein, großartig über der Pöllatschlucht bei Füssen gelegen, wurde im neoromanischen und neogotischen Stile erbaut, enthält den berühmten zweistöckigen Sängersaal als Pendant zum sehr viel kleineren Saal auf der Wartburg, wo der in *Tannhäuser* verarbeitete Sängerkrieg stattgefunden haben soll, einen ebenfalls nicht gerade bescheidenen Thronsaal sowie diverse, aufs Feinste ausgestattete und kunstvoll bemalte Gemächer eher privater Natur.

Linderhof, dem Petit Trianon in Versailles nachempfunden (dem Lieblingsschlösschen der von Ludwig hoch verehrten Marie Antoinette), ist teils im Rokoko-, teils im Barockstil gehalten, passt sicher nur bedingt in die Alpenlandschaft, ist aber von seinen Ausmaßen so, dass man es eben noch als zweite Residenz für den König eines nicht ganz kleinen Landes akzeptieren könnte. Allerdings findet sich im durchaus geschmackvollen Garten ein pompöser Springbrunnen mit allzu gewaltiger Fontäne, und die künstliche Grotte, die in verschiedenen Farben beleuchtet werden kann, einen Wasserfall und See birgt, auf dem sich

Ludwig in einem muschelförmigen Kahn herumrudern ließ, vermittelt unweigerlich den Eindruck des Pathologischen.

Gigantisch sind Schloss und Park auf Herrenchiemsee, mit dem prächtigen Spiegelsaal deutlich an Versailles angelehnt. Bedenkt man, dass der König sich dort ein einziges Mal länger aufhielt (nämlich im Herbst 1885 für zehn Tage), das Werk aber immens die Staatskasse belastete, so ist nur zu verständlich, dass sich vernünftige Personen zunehmend über die Sinnhaftigkeit und Finanzierbarkeit solcher Projekte Gedanken machten.

Obwohl der König beträchtliche Bezüge erhielt, war er nicht annähernd in der Lage, die Kosten für die Bauten und die exquisite Innenausstattung seiner Schlösser zu begleichen, und so war er rasch auf Hilfe angewiesen: Zum einen wurde ein Teil seiner Schulden aus der Kabinettskasse beglichen, zum anderen gelang es dem damaligen Finanzminister, der Bayerischen Staatsbank ein größeres Darlehen für den Monarchen abzuringen. Das alles machte jedoch nur Sinn, wenn wenigstens die Schulden nicht noch anwuchsen, aber daran war überhaupt nicht zu denken: »Ehe ein Jahr um war«, so Blunt (1970, S. 169f.), »forderte Ludwig die runde Summe von 20 Millionen Mark; er trug sich mit Plänen für neue Schlösser, und sowohl Neuschwanstein als auch Herrenchiemsee waren immer noch unvollendet. Die Lage wurde bald unerträglich; es schien keinen anderen Ausweg mehr zu geben, als Linderhof und Herrenchiemsee zur Befriedigung der Gläubiger gerichtlich beschlagnahmen zu lassen.« Ludwig unternahm vergebliche Versuche, von diversen Fürstenhäusern Darlehen zu erhalten, versuchte sogar, Leute anzuwerben, welche in diverse Banken einbrechen sollten.

Spätestens Ende 1885 wurden ernsthafte Überlegungen angestellt, Ludwig den Thron zu entziehen, und das war am einfachsten dadurch und mit der bayerischen Verfassung konform, ihn für geistesgestört zu erklären. Es ist eine interessante Spekulation, ob der ganze Vorgang überhaupt in Gang gekommen wäre, man also seine Tollheiten ignoriert hätte, wenn er wie Kaiser Ferdinand von Österreich bescheiden und schlicht gelebt hätte, bereitwillig die vorgelegten Schriften unterzeichnet hätte und eine friedfertige, von manchen verspottete, aber auch von niemandem gefürchtete oder gehasste Person gewesen wäre. Dem war allerdings hier nicht so: Ludwig bediente sich in schamloser Weise an Steuergeldern, ließ nicht einfach die Regierungsgeschäfte, die er selbst als »Fadaisen« (unnütz-langweilige Tätigkeiten) bezeichnete, kompetentere Leute tätigen, sondern behandelte diese in schikanöser Weise und wurde wiederholt gegenüber Untergebenen gewalttätig.

Anfang 1886 begannen Ministerpräsident Lutz und weitere Kabinettsmitglieder, den Plan in die Tat umsetzen, nämlich Ludwig des Throns zu entheben, und dann zwar formal den nächsten Verwandten, seinen Bruder Otto, zum König auszurufen, diesen aber, da ebenfalls geistesgestört, bei den Regierungsgeschäften durch den Onkel Luitpold vertreten zu lassen. Letzterer war schon älter (nämlich 65) und fügte sich nur widerstrebend in sein Schicksal. Schließlich wurde Bernard von Gudden beauftragt, das entsprechende psychiatrische Gutachten zu erstellen.

> Von Gudden, geboren 1824 in Kleve am Niederrhein, wechselte nach einer Professur in Zürich (wo er der erste Direktor des berühmten Burghölzli war, einer seiner Nachfolger dort war Eugen Bleuler) 1873 als ordentlicher Professor für Psychiatrie an die Universität München und wurde gleichzeitig Direktor der Oberbayerischen Kreisirrenanstalt München. Dass man ihn beauftragte, den Vorsitz der ärztlichen Kommission zur Beurteilung des psychischen Zustands von König Ludwig zu übernehmen und das Gutachten zu verfassen, lag somit sehr nahe. Das Bild, das Häfner (2011, S. 304 ff.) von von Gudden zeichnet, ist tendenziös moralisierend.

Da eine Einwilligung Ludwigs in eine Untersuchung nicht zu erwarten war und diese nicht gewaltsam erzwungen werden konnte, basiert die Schrift vornehmlich auf Beobachtungen der Dienerschaft, insbesondere jener Angestellter, die mittlerweile nicht mehr in Diensten des Königs standen. Dass diese Schilderungen, speziell was Schikanen und Gewalttätigkeiten des Herrschers betraf, übertrieben waren, ist nicht unwahrscheinlich. Andererseits decken sich die unterschiedlichen Aussagen weitgehend, und dass es zumindest nicht selten Ohrfeigen setzte, ist unbestritten. Schon der zeitweise als Liebhaber des Königs fungierende Schauspieler Kainz hatte dies fünf Jahre zuvor dem König vorgehalten. Und wenn nach Blunt (1970, S. 179) ein ehemaliger Kammerdiener ein Jahr nach dem Drama erzählte, »daß er nie von irgendeiner groben Behandlung der Bediensteten gehört oder gar miterlebt habe, abgesehen von Ohrfeigen, die dann immer durch ein Geschenk, eine Uhr oder tausend Mark wiedergutgemacht worden seien«, so bestätigt dies nur die Auffassung, dass Ludwig kein durchgängig gewalttätiger Mensch war.

Die Schläge einerseits, andererseits die bald darauf überreichte Wiedergutmachung (welche der König generös letztendlich der Staatskasse entnahm), zeigen aber einmal mehr, wie sehr Ludwig an jenen logischen Brüchen in seinem Verhalten litt, welche in solchem Maße charakteristisch für die Dementia praecox sind, dass E. Bleuler diese Krankheit später in Schizophrenie (»Spaltungsirresein«) umbenannte. Außerdem dürften die schlimmsten derartigen Vorfälle in den letzten Monaten vor der Absetzung geschehen sein, und da hatten viele spätere wohlwollende Zeugen den König offenbar lange nicht mehr erlebt.

Das galt auch für die beiden »Leibärzte« Ludwigs, Professor Gietl und Dr. Schleiß von Löwenfeld, deren fehlende Befragung durch Gudden von Häfner (2011, S. 318 ff.) heftig kritisiert wurde und die sich – so suggeriert Häfner – angeblich von der Aussage des Gutachtens distanzierten. Der Sachverhalt ist in Wirklichkeit ganz anders: Dass die beiden Ärzte, wie in mehreren Zeitungen jener Tage zu lesen war, erklärten, der König sei zwar exzentrisch, aber nicht geisteskrank, ist eine reine Erfindung. Als Gietl davon erfuhr, sah er sich sofort zur einer Gegendarstellung veranlasst:

> »›Zu meinem ungeheuren Erstaunen las ich heute in der Beilage der allgemeinen Zeitung vom 16. Juni ein Gutachten des Dr. von Schleiß aus der Wiener Presse. (…) ›Wir beide stimmen in der Anschauung überein, daß der König nicht geisteskrank ist.‹ Das ist eine offenbare Unwahrheit! (…) Im Anschluß an die Krankengeschichten des nun verstorbenen Königs (…) sehe ich mich zu der Erklärung gezwungen: daß ich durch Jahre den Geisteszustand des Königs als getrübt und gestört erkannte und erklärte, daß eine Katastrophe herankommen werde.‹« (zit. nach Wöbking 1986, S. 252 f.)

Das Gutachten geht auch nur in geringem Ausmaß auf die Beleidigungen der Untergebenen und die königlichen Gewaltausbrüche ein. Hauptsächlich basiert es auf dem sonstigen Verhalten des Königs, welches die Zeugen, die – da keine Psychiater – theoretisch unbelastet als Kuriositäten geschildert haben, aus denen der Fachmann sich jedoch ein stimmiges Bild machen konnte.

Die Schrift wurde am 8. Juni von Gudden selbst sowie drei weiteren Psychiatern unterzeichnet, darunter Hubert von Grashey, dem einzigen weiteren Ordinarius für Psychiatrie in Bayern (nämlich in Würzburg). Dass Grashey von Guddens Schwiegersohn war, ist historische Tatsache, aber kein Grund, daran zu zweifeln, dass er die Darstellung als korrekt ansah. Am 10. Juni proklamierte sich Prinz Luitpold zum Regenten: Unter Hinweis auf das schwere Leiden des Königs, welches diesen »an der Ausübung der Regierung auf längere Zeit im Sinne des Titels II § 11 der Verfassungsurkunde« hindere, und dessen Bruder Otto, über den »ein schon länger dauerndes Leiden verhängt« sei, welches »Ihm die Übernahme der Regentschaft unmöglich« mache, legten, fuhr Luitpold fort, ihm »die Bestimmungen der Verfassungsurkunde als nächstberufenen Agnaten die traurige Pflicht auf, die Reichsverwesung zu übernehmen«. In der Proklamation, die nicht nur Luitpold, sondern mehrere hohe Kabinettsmitglieder unterzeichneten, wurde zudem der Landtag einberufen, der das Vorgehen für rechtmäßig ansah. Es handelte sich somit nicht um einen Staatsstreich, sondern einen verfassungskonformen Akt, dessen Legitimität allerdings ausschließlich auf dem ärztlichen Gutachten basierte, dessen Fundiertheit Gegenstand heftigster Kontroversen bildet (▶Krankengeschichte).

Am späten Nachmittag des 9. Juni begab sich von Gudden mit seinem Assistenzarzt und mehreren Krankenpflegern sowie einigen Regierungsvertretern zuerst nach Hohenschwangau, wo sie zunächst ausführlich dinierten und nicht wenig Alkohol konsumierten. Danach ging es in den Morgenstunden des 10., noch bevor die Proklamation Luitpolds überall angeschlagen wurde, zum Schloss Neuschwanstein, um Ludwig persönlich die Absetzung zu verkünden (ausdrücklicher Wunsch des Prinzregenten, welcher der Kommission auch ein persönliches, sehr einfühlsames Schreiben an den König mitgegeben hatte) und um ihn zu internieren. Wieweit dies ein rechtlich haltbarer Vorgang war, wird kontrovers diskutiert: Schließlich war Ludwig nur als König abgesetzt (bzw. war es zu diesem Zeitpunkt noch gar nicht), befand sich aber in seinen Privaträumen. Andererseits lässt sich argumentieren, dass die Diagnose Geistesstörung gestellt wurde und entsprechend auch eine Behandlung bzw. Verwahrung geboten war, umso mehr, als der Kranke offenbar eine Gefahr für seine Umgebung darstellte und zudem höchst suizidal war.

Nicht vorgelassen, kehrten die Kommissionsmitglieder unverrichteter Dinge nach Hohenschwangau zurück, wurden aber bald darauf von Gendarmen festgesetzt und vorbei an aufgebrachtem Volk nach Neuschwanstein geführt.

Ludwig gab sofort den Befehl, den Kommissionsmitgliedern »die Augen auszustechen und sie bis auf's Blut zu peitschen« (Blunt 1970, S. 184f.). Wer bis dahin noch an die psychische Ungestörtheit des Königs und seine Regierungsfähigkeit geglaubt hatte, sollte spätestens jetzt eines Besseren belehrt worden sein: Als Regent des Landes musste Ludwig natürlich wissen, dass die Bayerische Strafprozessordnung das Durchstechen der Augen nicht vorsah und wenn, dass eine solche Strafe nur von einem Gericht hätte verhängt werden können und in diesem Fall die Exekution von speziell zu diesem Zwecke bestimmten Personen hätte ausgeführt werden müssen, nicht aber von Gendarmen aus Füssen.[7]

Obwohl sie wussten, dass der König schon oft solch irrsinnige Befehle gegeben hatte, die dann aber nie ausgeführt, sondern ihm nur als ausgeführt gemeldet wurden, mussten die Verhafteten zweifellos in diesem Tollhaus Angst um ihre Unversehrtheit haben. Nach einigen Stunden wurden sie jedoch freigelassen und konnten über Hohenschwangau nach München zurückkehren.

Ludwig hatte Zeit gewonnen und bat Bismarck telegrafisch um Rat. Dieser schlug ihm vor, sofort in die Residenzstadt aufzubrechen, um sich dem Volk zu zeigen, wozu sich der König aber nicht entschließen konnte; auch dem Rat,

---

7 Nach Eulenburg-Hertefeld (2001, S. 86), der sich auf die Erinnerungen des ebenfalls inhaftierten, Gudden begleitenden Dr. Müller beruft, lautete der Befehl, »den Gefangenen im Kerker die Augen auszustechen und sie zu Tod zu prügeln«. Eindeutig gesichert sind diese Aussagen allerdings nicht, würden aber durchaus zu den früheren »Strafbefehlen« des Königs (ermorden, nach Amerika deportieren) passen. Belegt sind auch nach der Auffassung der eher Ludwig wohlwollend gegenüber stehenden Schweiggert und Adami (2014, S. 89) jedoch u. a. folgende Aussagen: »Alle sehr stark schlagen lassen« bzw. »sie ohnmächtig peitschen lassen« sowie »Mit festen Stricken binden u. bis aufs Blut peitschen lassen«.

ins nahe gelegene Österreich zu fliehen, um der zu erwartenden Internierung zu entgehen, folgte er nicht, sondern harrte kraftlos des Kommenden.

Gudden entschied einige Tage später (am 12. Juni), allein mit seinem Assistenten und nur begleitet von »Irrenwärtern«, sich erneut nach Neuschwanstein zu begeben – nach dem zuvor Erlebten ein durchaus mutiger Entschluss. Allerdings war Luitpold offiziell Regent, die Staatsbediensteten auf ihn vereidigt, und Gudden reiste im Besitz einer Verfügung des Prinzregenten an. Er wurde auch vorgelassen und teilte in bedauernden Worten dem König seine Regierungsunfähigkeit mit. Ludwig äußerte nur, »aber Sie haben mich doch gar nicht untersucht«, ließ jedoch das Weitere mit sich geschehen: Er wurde allein in eine Postkutsche gesetzt, die von innen nicht geöffnet werden konnte und nach Schloss Berg geleitet, wo er vorläufig untergebracht wurde und man alle Vorsichtsmaßnahmen getroffen hatte, um einen Suizid zu verhindern. Immerhin durfte der abgesetzte König mit von Gudden, begleitet nur von einem Wärter, einen längeren Spaziergang im Schlosspark machen, und ein zweiter Spaziergang in den Abendstunden wurde vereinbart.

Gudden war optimistisch, die Situation im Griff zu haben und beging den tödlichen Fehler, den zur Begleitung vorgesehenen Wärter zurückzuschicken. Dann ereignete sich der ominöse Vorgang: Als die beiden Spaziergänger nach Stunden nicht zurückgekehrt waren, begann man das Seeufer abzusuchen, fand den abgeworfenen Überrock Ludwigs und bald darauf im Wasser in Ufernähe die beiden Leichen: die Ludwigs so gut wie unversehrt, die von Guddens mit Verwundungen an der Stirn, einer Beule über dem rechten Auge und Strangulationsmerkmalen sowie »mehreren wie von Fingereindrücken herrührenden blauen Flecken am Hals« (Wöbking 1986, S. 177 ff. sowie S. 229).

Die mit Abstand plausibelste Interpretation ist folgende: Der 1,91 m große König versuchte, sich ins Wasser zu stürzen, von Gudden (den Eulenburg-Hertefeld als einen »sehr großen, starken, blonden Mann« beschreibt) folgte ihm und wurde von Ludwig ertränkt, wonach der König den gleichen Tod für sich selbst wählte. Dass er fliehen wollte, ist unwahrscheinlich, zumal er wenige Tage zuvor in Neuschwanstein die Gelegenheit verstreichen ließ, sich nach Österreich abzusetzen und zudem geäußert hatte, dass Ertrinken ein schöner Tod sei.

Bekanntlich existieren diesbezüglich verschiedene Verschwörungstheorien, insbesondere jene, der König sei auf seiner Flucht erschossen worden. Weder berichteten die auffindenden Personen von entsprechenden Verletzungen, ebenso wenig der im Schloss die Leichenschau vornehmende Arzt. Auch wurde die Leiche in Anwesenheit zahlreicher Personen (u. a. den drei das Gutachten zeichnenden verbleibenden »Irrenärzten«) obduziert, und es ist eine abstruse Vorstellung, dass man einen solchen eindeutigen Befund im allgemeinen Einverständnis verschweigen konnte.

Die Leiche wurde nach der Obduktion in der Hofkapelle der Münchner Residenz aufgebahrt, wobei man den zur Entnahme des Gehirns notwendigen Schnitt mit Wachs zudeckte – was wiederum zur Theorie führte, es habe sich überhaupt nur um eine Wachspuppe gehandelt. Einige Tage später fand unter lebhaftester Anteilnahme der Bevölkerung die Beisetzung in der Wittelsbacher Gruft von St. Michael statt, wo der Sarkophag noch heute häufig besichtigt wird. Einem Wittelsbacher Brauch gemäß ruht das Herz des Königs in der Gnaden-Kapelle im Wallfahrtsort Altötting.

Krankengeschichte
Anders als den offiziösen Protokollen zu entnehmen, war die Geburt Ludwigs keineswegs einfach, sondern zog sich über etwa zwölf Stunden hin (Förstl 2011). Auch litt der Säugling – was in den meisten Biografien nicht erwähnt

wird – wenige Monate nach der Geburt an einer hochfieberhaften Erkrankung, aller Wahrscheinlichkeit einer Meningoenzephalitis (Entzündung des Gehirns und seiner Häute). Ludwig hatte sie sich von seiner Amme geholt, welche an der Erkrankung starb. Auch wurden in seinen Jugendjahren wiederholt Halluzinationen berichtet (Schweiggert 2016, S. 43), und der König selbst hatte Bernhard von Gudden gegenüber schon früh über entsprechende Symptome geklagt. So heißt es im Ärztlichen Gutachten über den Geisteszustand Seiner Majestät des Königs Ludwig II. von Bayern u. a.:

»›Dem mitunterzeichneten Obermedizinalrat von Gudden klagte Seine Königliche Hoheit zu einer noch relativ freien Zeit, daß Höchstdessen qualvolle Zustände von Angst und innerer Unruhe sich vorübergehend schon in früher Jugend bemerkbar gemacht hätten, daß beispielsweise es seiner Königlichen Hoheit als Leutnant mit 17 Jahren bei der ersten Residenzwache, als Münchener Einwohner voll freudiger Teilnahme sich sammelten und zuschauten, zumute gewesen sei, als ständen Höchstderselbe am ›Schandpfahle‹; dabei leiden Seine Königliche Hoheit an den widerwärtigsten Empfindungen in der Brust und im Unterleibe, an Halluzinationen sämtlicher Sinne, an motorischen Erregungen, die sich in verschiedensten schleudernden und springenden Bewegungen der Arme und Beine äußern, sind nicht selten gemütlich in hohem Grade gereizt und zu Gewalttätigkeiten geneigt.‹« (zit. nach Girrbach 1986, S. 156)

Lange vor dem Gutachten 1886 wurden weitere diverse Auffälligkeiten des Königs kolportiert: So nahm er sich wiederholt vor, die Strecke zu einer bestimmten Stadt auf seiner Reitbahn zu Pferde zurückzulegen, und ritt dazu die ganze Nacht mit wechselnden Pferden durch, bis er die berechnete Distanz bewältigt hatte (Blunt 1970, S. 132). Auch die für Schizophrenie so typischen Manierismen waren nicht zu übersehen. So berichtet ein Schriftsteller, der den König 1879 unbemerkt beobachtete, Folgendes:

»›Alles an ihm war eigentümlich bis zur Groteske ... war theatralisch ... war ganz und gar ungewöhnlich. (...) Welche Pose in Haltung und Gang bei jeder Bewegung und jeder Gebärde. Die Unnatur war ihm zur zweiten Natur geworden. (...) Trotz der sommerlichen Wärme in einen dicken Wintermantel gehüllt, ging er langsam weiter. Er ging eigentlich nicht, wie andere Menschenkinder gehen, er trat auf wie ein Schauspieler, der in einem Shakespeareschen Königsdrama im Krönungszuge erscheint, in scheinbar einstudiertem Takt bei jedem seiner gewichtigen Schritte den weit nach hinten gelehnten Kopf bald nach rechts, bald nach links werfend und mit ausladender Bewegung den Hut vor sich haltend.‹« (zit. nach Blunt 1970, S. 138)

Vielleicht sogar auf echte Halluzinationen hinweisend, in jedem Fall den Bereich der Normalität deutlich überschreitend sind jene nächtlichen Soupers, die ebenfalls lange vor der Phase der Thronenthebung dokumentiert sind, nämlich von einem Küchenjungen auf Schloss Linderhof:

»›Er [der König] will [beim Essen] niemanden um sich haben. Trotzdem müssen die Diners und Soupers immer für mindestens drei bis vier Personen ausreichen. Denn auch wenn der König sich immer allein zu Tisch setzt, so fühlt er sich doch nicht allein. Er glaubt sich in der Gesellschaft Ludwigs XIV. und Ludwigs XV. und deren Freundinnen, Madame Pompadour und Madame Maintenon. Er begrüßt sie sogar mitunter und führt mit ihnen Gespräche, als hätte er sie wirklich als Gäste bei Tisch.‹« (zit. nach Blunt 1970, S. 143)

Spätestens seit Anfang der 1880er-Jahre wurden die Zustände so unerträglich, dass man sich entschloss, die Absetzung vorzubereiten. Ludwig erledigte selbst kaum mehr Regierungsgeschäfte, machte in seiner verbockten Zurückgezogenheit zudem der Regierung das Handeln zunehmend unmöglich und brachte durch seine Verschwendungssucht die Staatskasse in immer größere Schwierigkeiten. Prinz Luitpold, dem die Nachfolge zukam, stand dem Vorhaben sehr zurückhaltend gegenüber und wollte die Vorgehensweise wenigstens durch ein fundiertes psychiatrisches Gutachten legitimiert haben. Aufgrund der inzwischen vor allem bei Bediensteten eingeholten Informationen machte sich Bernhard von Gudden, Ordinarius für Psychiatrie in München, an die Abfassung. Das Schreiben, datiert vom 8. Juni 1886 und unterzeichnet von drei weiteren Nervenärzten, beginnt mit folgenden Worten:

»›So peinlich es für die unterzeichneten Ärzte ist, an die Beurteilung des geistigen Zustands Seiner Majestät ihres Königs heranzutreten, sie müssen dem erhaltenen Befehle Folge leisten und erstatten hiermit unter ausdrücklicher Berufung auf den von ihnen geleisteten Eid, ihrer schweren Verantwortlichkeit vollkommen bewusst, nach Pflicht und Gewissen das verlangte Gutachten, wobei sie bemerken, dass eine persönliche Untersuchung Seiner Majestät, was weiter auseinanderzusetzen überflüssig sein wird, untunlich, bei dem vorliegenden Aktenmaterial aber auch nicht notwendig war.‹« (zit. nach Girrbach 1986, S. 156; das Gutachten findet sich auch als Anhang 7 bei Häfner 2011)

Zunächst wird auf ähnliche Erkrankungen im Familienkreis Ludwigs hingewiesen, nämlich bei seinem Bruder Otto und seiner Tante Prinzessin Alexandra.[8]

Von Gudden berichtet dann die oben referierten, ihm gegenüber von Ludwig selbst schon früh beklagten psychi-

---

[8] Häfner (2011, S. 330 f.) leugnet die Vergleichbarkeit dieser Fälle: Otto litt demnach nicht an Schizophrenie, sondern an progressiver Paralyse, was unhaltbar ist (s. 3.9.4), und das Verhalten von Tante Alexandra wird posthum in die harmlosere Kategorie »Zwangsneurose« eingeordnet. Betrachtet man deren Symptomatik, wie sie bei Schweiggert (2016, S. 69 f.) beschrieben ist, zeigt sich geradezu ein Lehrbuchbeispiel für schwere Wahnkrankheit: Eine Vorstellung »ging dahin, dass ein Sofa seinen Aufenthalt in ihrem Kopf genommen habe, sodass die Prinzessin es höchst gefährlich für sich hielt, durch eine Tür zu gehen, da sie dabei leicht die Enden des Sofas abstoßen konnte«. Auch wurde nach einer in Wöbking (1986, S. 62) zitierten Quelle bei der Sektion eine »Kleinheit und Difformität des Schädels« festgestellt.

schen Beeinträchtigungen und widmet sich anschließend dem gestörten Sozialverhalten des Königs: seiner Scheu vor Menschen und die Unfähigkeit, den elementarsten repräsentativen Verpflichtungen nachzukommen, seinem Widerwillen beispielsweise gegen die traditionellen Hoftafeln, die verschoben oder gar kurzfristig abgesagt wurden und – falls sie doch einmal stattfanden – zur Qual für alle Beteiligten wurden:

» ›War aber wirklich der Tag einer solchen Tafel gekommen, dann war die Stimmung bei dem Vortrag, welcher stets noch wenige Stunden vor der Tafel stattfand, die aufgeregteste, die man sich denken kann. Hastige Erkundigungen über den einen oder anderen der Gäste, Hin- und Herlaufen im Zimmer, Verwünschungen aller Art – dies war das stets wiederkehrende Bild.‹«

Und weiter:

» ›Die Eingeweihten sahen diesen Tafeln immer mit Angst entgegen, weil sie befürchten mussten, die Kraft der Selbstbeherrschung Seiner Majestät werde unterliegen. (...) Bei der Tafel selbst ließen Seine Majestät oft wilde Blicke umherschießen, stießen auch hier und da mit dem Säbel auf den Boden.‹« (ebd., S. 159)

In diesem Kontext wird ausgeführt, dass Ludwig zunehmend Kontakte mied, speziell zu den höheren Personen am Hof. » ›Der ganze persönliche Verkehr seiner Majestät‹«, heißt es, » ›beschränkt sich gegenwärtig auf wenige Personen von der untergeordneten Dienerschaft, und bildet die fast kindlich hilflose Lage, in die Allerhöchstdieselben durch diese Isolierung geraten sind (Lakaien und Friseure auf der Suche nach neuen Ministern und einem neuen Kabinettssekretär), einen wahrhaft tragischen Kontrast zu dem vorhandenen, in geradezu unnatürlicher Weise hinaufgeschraubten Bewußtsein absoluter Machtfülle und Selbstherrlichkeit‹« (ebd., S. 161). In der Frage, ob der König an » ›eigentlichen Halluzinationen‹« leide, kommt Gudden nicht zu einem eindeutigen Ergebnis:

»›Es sprechen dafür die Wahrnehmungen Hesselschwerdts, das geringste Geräusch erschrecke seine Majestät. Bei den Spaziergängen (...) äußerten Allerhöchstdieselben oft, Sie hätten etwas gehört, Tritte, Worte und dann zu ihm, der nichts gehört habe, gesagt: ›Du hörst eben nicht gut, Hesselschwerdt.‹« (ebd.)

Allerdings: »›Nie hätten sich freilich seine Majestät darüber geäußert, welche Worte gehört worden seien.‹«

Das für Schizophrenie typische Hören von Stimmen hatte Ludwig also offenbar nicht (bzw. fiel dies seiner Umgebung nicht auf), was in der Tat diese Diagnose unwahrscheinlicher macht, allerdings keineswegs widerlegt. Nichtstimmliche akustische Halluzinationen (Akoasmen) können bei diesem Störungsbild durchaus vorkommen.

Offenbar nicht sicher in seiner Einschätzung berichtet der Gutachter über weitere Merkwürdigkeiten:

»›Auch in den Wohnräumen (...) hätten Seine Majestät nicht selten Geräusche wie von Tritten in den oberen Zimmern zu hören geglaubt, und es hätte dann nachgesehen werden müssen, ob nicht jemand da sei, was aber nie der Fall gewesen wäre.‹« (zit. nach Girrbach 1986, S. 161)

Und: »›Wenn Seine Majestät allein im Zimmer sich befinden (...), sprechen und lachen Allerhöchstdieselben oft laut, sodass man glauben könnte, es sei große muntere Gesellschaft in demselben versammelt.‹« (ebd.)

Von Gudden, dem natürlich sehr daran gelegen war, die für »Paranoia (Verrücktheit)« typischen Symptome klar belegen zu können, kommt noch einmal auf diesen Punkt zurück: »Nachträglich übrigens« komme noch eine »Mitteilung des Kammerlakaien Mayr zu den Akten«, die »kaum darüber einen Zweifel« lasse, dass seine Majestät »wirklich an Halluzinationen« leide:

»›Alles ertrage ich zwar, aber das ist zum Verzweifeln, wenn der König sich etwas einbildet und sich davon absolut nicht abbringen läßt, wenn er z. B. so anfängt, ›Tue das Messer (oder irgendeinen anderen Gegenstand) weg‹, und wenn ich sage, ›Majestät, es ist keines da‹, so examiniert er stundenlang ununterbrochen fort, ›Es soll aber eins da sein, wo wäre es denn hingekommen, du hast es weggetan, wo hast du es hingetan, warum hast du es weggetan, gleich legst du es wieder hin.‹ Das sei, fügt Mayr hinzu, zum wahnsinnig werden.‹ « (zit. nach Girrbach 1986, S. 163)

Als Illusion bezeichnet von Gudden das, was man auch als wahnhaftes Misstrauen interpretieren könnte. So berichtete Ministerialrat von Ziegler:

» ›Nicht einmal, sondern oft und oft argwöhnten Seine Majestät, ich hätte Allerhöchstdieselben beim Vortrage mit einem unziemlichen, besonderen Blick angesehen. Gleich nach dem Vortrag erhielt ich den Befehl, mich deshalb zu rechtfertigen, und ich habe auf diese Rechtfertigungen unsägliche Zeit verwenden müssen.‹ « (ebd., S.162)

Dann kommt das Gutachten auf die teils nur abstrusen, teils erschreckend gewalttätigen Fantasien des Königs zu sprechen:

» ›Wohl nur als Ausschweifung der Fantasie, allerdings höchst ungewöhnlichen, die Grenzen der Norm weit übersteigenden Grades, dürfte hingegen aufzufassen sein, was Stallmeister Hornig berichtet, Seine Majestät, bei einigen Graden Kälte und bei Schneegestöber im Freien essend, hätten sich ans Meeresgestade versetzt und von heißen Sonnenstrahlen beschienen geglaubt.‹ « (ebd.)

Hornig gibt zwei weitere Aussagen Ludwigs wieder: » ›Jetzt habe ich in Gedanken – Worte seiner Majestät – der Königin eine große Wasserflasche am Kopf zerschlagen, habe sie an den Zöpfen auf der Erde herumgeschleift, ihr die Brüste mit den Absätzen zerstampft.‹ « Und: » ›Jetzt war ich in Gedanken in der Gruft der Theatinerkirche, habe den König Max aus dem Sarg herausgerissen und seinen Kopf geohrfeigt.‹ « (ebd.)

Nun spricht Gudden die ritualisierten, »magischen« Verhaltensweisen des Königs an: » ›Einen Baum zwischen Berg und Ammerland nennen seine Majestät den ›heiligen Baum‹. Hesselschwerdt weiß nicht weshalb – sooft Allerhöchstdieselben an diesem Baum vorübergehen, reiten oder fahren, verbeugen Sie sich tief davor.‹« Und weiter:

»›Ebenso wird ein Zaun bei Ammerland bei jedesmaligem Vorüberfahren, -gehen oder -reiten von seiner Majestät gewissermaßen segnend begrüßt. Eine Säule am Eingange in Linderhof umarmen seine Majestät der König, sooft dieselben das Schloss auf längere Zeit verlassen; dasselbe geschieht bei der Rückkehr.‹« (ebd., S. 163)

Bei »nur vorübergehendem Verlassen des Schlosses« werde »die Säule nur berührt«.

Danach geht die Darstellung auf die psychomotorischen Auffälligkeiten des Begutachteten ein, die – wären es die einzigen Symptome gewesen – allein schon die Diagnose Schizophrenie (oder eine eng verwandte Störung) begründet hätten:

»›Seine Majestät seien nicht selten aufgeregt, machten sonderbare tanzende und hüpfende Bewegungen, führen stoßend und ziehend mit den Händen in die Kopf- und Barthaare, stellten Allerhöchst-Sich nicht selten vor den Spiegel, mit verschränkten Armen und das Gesicht verziehend.‹« (ebd., S. 163 f.)

Und weiter:

»›Stundenlang dauernde Wutausbrüche, die sich in Herumtoben im Zimmer, in einer tanzenden, wiegenden Bewegung, Schütteln der Hände in den Handgelenken äußerten, traten ein, auch ruhig sinnend auf einen Fleck sehend, konnten Seine Majestät stundenlang mit einer Haarlocke spielen oder das Haar mit einem Kamme in Unordnung bringen.‹« (ebd., S. 164)

Unter dem Stichwort Gereiztheit folgen zunächst weitere Berichte über die Gemütslage des Königs: »›Auf normale Gemütszustände und deren Äußerungen trifft man nirgendwo in den Akten. Sie scheinen ganz und gar zugrunde gegangen und Haß und unnatürlicher Abscheu an ihre Stelle getreten zu sein.‹« Es wird noch einmal an Ludwigs oben referierte Äußerungen über seine Mutter und seinen Vater erinnert und dann ein besonders krasses Beispiel der kranken Fantasie angeführt: »›Der Marstallfourier Hesselschwerdt erhielt den Befehl, in Italien eine Bande zu werben, mit derselben den deutschen Kronprinzen gelegentlich seines Aufenthalts in Mentone gefangenzunehmen und ihn in einer Höhle bei Wasser und Brot in Ketten verwahrt zu halten.‹« Damit nicht genug: »›Im Geiste malten Seine Majestät Allerhöchst-Sich die dem Kronprinzen zugedachten Martern weitgehendst aus, weshalb auch der Befehl erging, ja dessen Leben zu schonen, damit seinem Leiden nicht ein zu schnelles Ziel gesetzt werde.‹«

Auch das ihn so tief verehrende bayerische Volk kam nicht besser weg:

»›Oft musste Ministerialrat von Ziegler hören, wie schön es wäre, wenn man das verfluchte Nest (die eigene Haupt- und Residenzstadt!) an allen Ecken anzünden könne, und Stallmeister Hornig führt als einen öfter von seiner Majestät ausgesprochenen Wunsch an, daß das bayerische Volk nur einen Kopf habe, um es auf einen Streich hinrichten lassen zu können.‹« (ebd., S. 164f.)

In diesem Kontext werden einige vom König verhängte (aber von den damit Beauftragten nicht ausgeführte) Strafen genannt: ins Burgverließ werfen (ein solches war tatsächlich in den Bau von Neuschwanstein einbezogen worden), nach Amerika transportieren, der Flügeladjutant Baron Hertling und Ministerialrat Ziegler sollten sogar umgebracht werden. Manche Diener mussten tatsächlich diese Demütigungen ertragen: »›Kammerlakai Mayr wurde vor ungefähr vier Jahren damit bestraft, daß er ein Jahr lang nur mit einer schwarzen Maske das Gesicht verdeckt vor Seiner Majestät erscheinen durfte.‹« Oder: »›Kammerlakai Buchner, über dessen Dummheit sich Seine Majestät ärgerten, mußte ›ein Siegellacksiegel an der Stirn tragen‹ zum Zeichen, dass sein Gehirn versiegelt sei.‹« (ebd., S. 165f.)

Dann kommt das Gutachten auf »›die Vorliebe Seiner Majestät für die französischen Könige Ludwig XIV., XV. und XVI., ihr absolutes Regiment, ihre Bauten usw.‹« zu sprechen und des bayerischen Königs wahnwitzige Versuche, einen solchen Zustand zu reetablieren: »›Ein ehemaliger Secondelieutenant der bayerischen Armee wurde mit dem Befehle vertraut, eine ›Koalition‹ zu gründen, d. h. eine Schar Männer zu werben, mit deren Mithilfe es gelingen sollte, in Bayern das absolute Regierungssystem wieder herzustellen; die Verfassung sollte aufgehoben, die Landesvertretung abgeschafft werden.‹«

Oder: »›Seine Majestät dachten daran, gegen Vergütung einer hohen Summe das Land an Seine Königliche Hoheit den Prinzen Luitpold abzutreten oder an Preußen zu verkaufen.‹« Und, besonders grotesk: »›Geheimrat Löher wurde mit dem Auftrag betraut, sich nach einem anderen Königreiche umzusehen, in dem ein absolutes Regierungssystem möglich wäre, machte auf Kosten der Kabinettskasse weitläufige Seereisen, berichtete aber, daß der Auftrag unmöglich auszuführen sei.‹« (ebd., S. 167)

Ein nicht geringer Teil des Gutachtens befasst sich mit Ludwigs Verhalten gegenüber der Dienerschaft und anderen Untergebenen, noch einmal einen Eindruck des exquisit Pathologischen vermittelnd: »›Die Meldungen erfolgen und die Allerhöchsten Befehle werden in der Regel erteilt durch die verschlossene Türe hindurch. Durch Kratzen an derselben wird das Zeichen gegeben, daß seine Majestät verstanden sei. Dienerschaft, die hineintreten darf oder muß, hat tiefgebückt zu erscheinen, darf Seine Majestät nicht ansehen, kein Wort sprechen, muß durch Zeichen sich verständlich machen und, gelingt dieses nicht, die Bewegungen des Schreibens nachzuahmen, worauf das Bezügliche im Vorzimmer geschrieben und Seiner Majestät überreicht werden darf.‹«

Und weiter: »›Beim Servieren der Speisen hat die Dienerschaft ebenso zu erscheinen, darf nicht bloß Seine Majestät, sondern auch die Speisen nicht ansehen und hat sich ebenso zurückzuziehen. Auch beim Anziehen der Kleider darf der Diener Seine Majestät nicht ansehen. Ist jemand vom Dienstpersonal (…) ›in Strafe‹, so muß er auch wohl niederknien oder der Länge nach auf den Bauch sich legen.‹«

Letzteres, erläutern die Gutachter (bzw. der Alleinverfasser der Schrift), »sei eingeführt worden seit dem vorigen Jahre, nachdem Seine Majestät das Zeremoniell am chinesischen Hofe gesehen habe« (gemeint ist natürlich: über das Zeremoniell am chinesischen Hofe gelesen habe. Erinnert sei daran, dass der »Märchenkönig« schon vor Jahren geplant hatte, einen Palast im chinesischen Stil erbauen zu lassen, in dem streng das chinesische Hofzeremoniell praktiziert werden sollte.).

Und weiter in den Abstrusitäten, auf die sich die Umgebung längst eingestellt hatte, dabei den König in seiner Wahnwelt festigend: »›Bei einer unangenehmen Meldung oder bei dem geringsten Verstoße (z.B. beim falschen Aussprechen französischer Namen) werde von seiner Majestät häufig die Einsperrung in's Burgverließ oder eine andere Strafe anbefohlen, welcher Befehl dann auch angeblich, in Wirklichkeit aber nie vollzogen wird.‹« (ebd., S. 168)

> Nun spricht das Gutachten einen weiteren Sachverhalt an, der eigentlich schon viel früher ein behördliches Eingreifen erfordert hätte. Fürst Eulenburg, seinerzeit Sekretär der preußischen Botschaft in Bayern (was natürlich nicht die Tätigkeit einer einfachen Schreibkraft bedeutete; Eulenburg gehörte später zum engsten Freundeskreis Wilhelms II. und nahm wesentlichen Einfluss auf die Politik), schreibt dazu: »Der Inhalt des geheimen Aktenstückes (…) erschreckt durch die Ungeheuerlichkeiten der Handlungen und Äußerungen des Königs, erregt aber auch dadurch das höchste Erstaunen, dass seine Umgebung fähig war, durch Jahre hindurch Verhältnisse zu verschweigen, die völlig anormal und unhaltbar waren. (…) Dass aber körperliche Misshandlungen, die in zwei Fällen den Tod des Geschädigten zur Folge hatten, dass grausame Strafen und das völlig wahnsinnige, sinnlose Leben des Königs nur als Gerüchte und in unbestimmter Darstellung in das Volk dringen konnten, spricht für eine ganz außergewöhnliche Diskretion aller Beteiligten.« (Eulenburg-Hertefeld 2001, S. 46f.)

Dem Gutachten zufolge schlug Ludwig seine Dienerschaft »sogar blutig«. Mindestens 30 Personen seien so misshandelt worden.

»›Kammerdiener Welker berichtet sogar, dass der Vorreiter Rothenanger, ein junger, schmächtiger und kleiner Mensch, einmal wegen eines geringfügigen Vergehens von Seiner Majestät geschlagen, gestoßen und mit solcher Wucht an die Wand geworfen wurde, dass die im Vorzimmer befindlichen Leibwächter in der Besorgnis, der junge Mann werde totgeschlagen, nahe daran waren, in das Zimmer zu dringen, um Rothenanger zu Hilfe zu kommen. Es sei die Vermutung nicht ausgeschlossen, dass der nach Jahresfrist erfolgte Tod Rothenangers in ursächlichem Zusammenhange stehe mit den Misshandlungen, welche derselbe zu erdulden hatte.‹« (nach Girrbach 1986, S. 169)[9]

---

[9] Häfner (2011, S. 365) gibt den Leserbrief eines Neffen von Rothenanger wieder, den jener im Jahr 1986 in Reaktion auf einen Artikel des schon mehrfach zitierten Autors Wöbking verfasst hatte und so referiert wurde: »›Zu den Ausführungen des Historienforschers Wilhelm Wöbking über Ludwig II. in der Bild-Zeitung vom 6. März 1986 (...) möchte ich mein Wissen kundtun. (...) Bei König Ludwig II. waren drei Brüder meines Vaters im Dienst. Mein Onkel war Vorreiter und ist keineswegs an Misshandlungen durch den König gestorben. (...) Mein Onkel ist dem König mit einer frechen Antwort gegenübergetreten. Dafür bekam er seine Strafe, jedenfalls ist er nicht daran gestorben. (...) Er starb an Lungenentzündung.‹« Häfner kommentiert: »Dies ist nicht der einzige Bericht über Gewalttätigkeiten Ludwigs II., der wenigstens teilweise unglaubhaft erscheint.« Großer Wert ist diesem Schreiben nicht beizumessen. Einfaches Nachrechnen zeigt, dass der Neffe frühestens ein Vierteljahrhundert später den Sachverhalt verständlich erzählt bekam, und nachträgliche Bearbeitungen der Fakten sind somit nicht unwahrscheinlich. Dass der Bestrafte nicht direkt an den Verletzungen gestorben ist (sondern »nach Jahresfrist«), steht explizit im *Gutachten*. Und wenn jemand, gerade um die 20 Jahre alt, an einer »Lungenentzündung« stirbt, liegt der Verdacht nahe, dass der Betreffende körperlich erheblich angeschlagen war.

Nun geht Gudden auf die Tätigkeit Ludwigs als Regent über, zitiert den König selbst, der die Staatsangelegenheiten als »Staatsfadaisen« bezeichnete, und konkretisiert:

> »›Alle Angelegenheiten, die eine Rücksprache erforderlich machten, ferner insbesondere auch die Anträge der Minister (...) wurden mit mündlichen oder auf Zettel geschriebenen Weisungen Seiner Majestät durch die Kammerbediensteten an die jeweiligen Kabinettssekretäre zurückgeschickt, nachdem diese Bediensteten die Allerhöchsten Aufträge in Briefform gebracht. (...) Hesselschwerdt [Ludwigs persönlicher Diener] wurde auch der Bericht des königl. Gesamtministeriums (...) zur Begutachtung zugeschickt, ihm auch die Verhandlungen zur Bildung eines neuen Ministeriums (...) übertragen.‹« (zit. nach Girrbach 1986, S. 170)

Schweiggert und Adami (2014) argumentieren, dass Ludwig bis zu seiner Internierung gewissenhaft Akten durchgearbeitet und mit Anmerkungen versehen habe. Dass er möglicherweise lange über Akten saß, sei nicht bestritten – viele Stunden am Tag können es nicht gewesen sein, angesichts des ausgiebigen, mit Medikamenten forcierten Schlafes und der ausgedehnten nächtlichen Ausfahrten, des Weiteren in Anbetracht der intensiven Planungen für nie finanzierbare Schlösser. Was der bayerische König ausführlich bearbeitet hat, ist erschreckend banal, etwa die Genehmigung einer Kirchenkollekte in einem Dorf der damals zu Bayern gehörigen Rheinpfalz oder Fahrverbote rund um Neuschwanstein. Die tatsächlich bedeutsamen Angelegenheiten konnten gar nicht korrekt entschieden werden, weil Ludwig seit langen Zeiten seine Minister nicht mehr empfing.

Einige Berichte sollen des Monarchen Verachtung für Regierung, Landtag und Volk belegen: »›Für Seine Majestät sind die k. Staatsminister Pack, Gesindel, Geschmeiß, auch wird mit den Kammern nicht glimpflich verfahren, und das Volk verdient gar nicht, daß Sich Seine Majestät ihm zeige.‹« Nach Referierung einiger äußerst abwertender

Aussprüche Ludwigs zu Staatsangelegenheiten und Regierungsmitgliedern resümiert der Gutachter:

»›Die geistigen Kräfte Seiner Majestät sind bereits dermaßen zerrüttet, daß alle und jede Einsicht fehlt, das Denken mit der Wirklichkeit in vollem Widerspruche sich befindet, das Handeln ein unfreies ist und Allerhöchstdieselben im Wahne absoluter Machtfülle vereinsamt durch eigene Isolierung – wie ein Blinder am Rande des Abgrundes stehen.‹« (zit. nach Girrbach 1986, S. 170 ff.)

Im Weiteren geht es um Ludwigs Bauleidenschaft und die wahnwitzigen, schon früher erwähnten Ideen, sich zu diesem Zwecke Geld zu beschaffen (Anleihen bei diversen Herrscherhäusern, bis hin zum Sultan von Konstantinopel und zum Schah von Persien, den »Allerhöchsten Befehl«, in mehrere Banken einzubrechen). Auch das Volk solle sich beteiligen, wobei immerhin der König bemerkenswerte Kompensationen anbot:

»›Als kein Anleihen aufzutreiben war, auch auf Raub und Einbruch verzichtet werden musste, sollte das Volk und dessen Vertretung die Lücke schließen und damit nur eine Untertanenpflicht erfüllen, wodurch sie wieder die Allerhöchste Gunst sich zuwenden und Seine Majestät bewegen könnten, Allerhöchst ihnen nach und nach wieder näher treten.‹« (ebd.)

Natürlich gehe das nicht ohne deutliche Gegenleistungen:

»›An ein Sichzeigen von Seite Seiner Majestät sei, wenn man sich nicht bessere, selbstverständlich gar nicht zu denken. Gute Untertanen müssten es anders anfangen, wenn sie ihren König und Herrn glauben machen wollten, dass sie ihn lieben usw.‹« (ebd., S. 172 f.)

Es erübrige »noch, auf den körperlichen Zustand Seiner Majestät einen kurzen Blick zu werfen«, wobei zunächst auf diverse körperliche Beschwerden und die Schlaflosigkeit des Regenten hingewiesen wird. Dann kommt die Sprache auf das, was diagnostisch ergiebiger ist und bereits verdächtig an schizophrene Residualsymptomatik erinnert:

»›Über die unordentliche, unappetitliche, ekelerregende Art des Speisens Seiner Majestät, um das hier noch einzuschieben, wie Allerhöchstdieselben dabei die Saucen und Gemüse herumspritze, seine Kleider damit beschmiere, berichtet Kammerlakai Mayr.‹« (ebd., S. 174)

Ein einziger beiläufiger Satz des Gutachtens bezieht sich auf Ludwigs Homosexualität, welche – so hat man den Eindruck – dezidiert ignoriert werden sollte. »›Die geschlechtlichen Beziehungen berührt Herr Ministerialrat von Ziegler in seinen Aufzeichnungen Bogen 16.‹« (zit. nach Girrbach 1986, S. 174) Hätte man sich an der sexuellen Orientierung wesentlich gestört, hätte dies schon etwa 20 Jahre früher artikuliert werden müssen, spätestens nach der aufgehobenen Verlobung mit Sophie im Jahre 1867.

Das Gutachten endet mit den Worten:

»›1. Seine Majestät sind in sehr weit fortgeschrittenem Grade seelengestört, und zwar leiden Allerhöchstdieselben an jener Form von Geisteskrankheit, die den Irrenärzten aus Erfahrung wohl bekannt mit dem Namen Paranoia – (Verrücktheit) bezeichnet wird.
2. Bei dieser Form von Krankheit, ihrer allmähligen und fortschreitenden Entwicklung und schon sehr langen, über eine größere Reihe von Jahren sich erstreckenden Dauer ist Seine Majestät für unheilbar zu erklären und noch weiterer Verfall der geistigen Kräfte mit Sicherheit in Aussicht.
3. Durch die Krankheit ist die freie Willensbestimmung Seiner Majestät vollständig ausgeschlossen, sind Allerhöchstdieselben als verhindert an der Ausübung der Regierung zu betrachten und wird diese Verhinderung nicht nur länger als ein Jahr, sondern für die ganze Lebenszeit andauern.‹« (ebd., S. 174f.)

Das Gutachten, datiert vom 8. Juni 1886, wurde neben Gudden unterzeichnet von »Dr. Grashey, k. Universitätsprofessor« (Ordinarius für Psychiatrie an der Universität Würzburg und von Guddens Schwiegersohn) sowie von »Dr. Hagen, k. Hofrat« und »Dr. Hubrich, k. Direktor« (beide Leiter von »Irrenanstalten« im fränkischen Raum).

Es ist schwer nachzuvollziehen, aufgrund welcher Kriterien diese Kommission zusammengesetzt wurde.

Wenige Tage nach seinem Tod (in den Morgenstunden des 15. Juni) fand eine Autopsie des Königs statt, die von einem Professor der Anatomie und einem Privatdozenten durchgeführt und von mehreren Medizinern protokolliert wurde (darunter den drei neben Gudden das ärztliche Gutachten unterzeichnenden Ärzten). Anwesend waren noch sechs weitere Mediziner sowie »vonseiten der Regierung« Minister Freiherr von Crailsheim und Oberhofmeister Graf zu Castell (Schweiggert u. Adami 2014, S. 229). Als wesentliche Punkte sind festzuhalten: eine angesichts der Körpergröße des Toten auffällige Kleinheit des Hirnschädels (damit auch ein unterdurchschnittliches Hirngewicht) sowie eine deutliche Atrophie (Schrumpfung) der Stirnhirnlappen beidseits – Befunde, welche nach Ansicht des Obduktionsteams in bestem Einklang mit der gezeigten Symptomatik und der gestellten Diagnose stehen. Das gesamte Protokoll ist bei Wöbking (1986, S. 372 ff.) wiedergegeben.

Einige Tage später fasste der bei der Obduktion anwesende Dr. Kerschensteiner noch einmal die wesentlichen Punkte zusammen und weist darauf hin, dass zwar nicht immer bei der »Verrücktheit« Hirnveränderungen zu finden seien, in diesem Falle aber ja: »›Das ist nun bei der Verrücktheit nicht der Fall, ebensowenig wie bei den meisten Geistesstörungen, bei welchen ja häufig in der Leiche keine positiven pathologischen Veränderungen nachgewiesen werden können, selbst wenn die Krankheitserscheinungen am Leben noch so bedeutend, ja ganz schrecklich waren.‹« Zugegebenermaßen etwas umständlich formulierend, fährt Kerschensteiner fort: »›Wenn nun im Allgemeinen bei Geisteskranken die Krankheitserscheinungen mit dem Sektionsbefunde am Gehirn sich nicht nothwendigerweise decken müssen, so ist doch in jedem einzelnen

Falle die Erwägung nicht nur berechtigt, sondern wissenschaftlich sowohl als für die Zwecke der Heilkunde nothwendig, ob an der Hand menschlichen Wissens und ärztlicher Erfahrung nicht doch ein ursächlicher Zusammenhang zwischen Befund im Leben und Befund an der Leiche als gewiß oder wahrscheinlich anzunehmen sei.‹« Und: »›Diese Frage kann nach dem dermaligen Standpunkte der ärztlichen Kenntnisse zweifelsohne bejahend beantwortet werden.‹« (zit. nach Obermeier 1986, S. 143 f.)[10]

Die Diagnose Paranoia (Verrücktheit) ist das, was man heute als Schizophrenie bezeichnet, und diesem Urteil schlossen sich später zahlreiche psychiatrisch Geschulte an. Für völlig unhaltbar halte ich die Ansicht Häfners (2011), dass bei Ludwig lediglich eine Narzisstische Persönlichkeitsstörung vorlag (was auch von Zerssen [2008] sowie Förstl [2011] für wenig plausibel halten). Sicher lag eine solche beim König auch vor, aber die Symptome mit sehr wahrscheinlichen Halluzinationen, psychomotorischen Anomalien und dem bedenklichen Realitätsverlust gehen weit über die Charakteristika dieser häufigen Persönlichkeitsstörung hinaus. Förstl (2011) und von Zerssen (2008) sehen zwar die Kriterien einer schizotypen Störung (früher:

---

10 Schweiggert und Adami (2014, S. 274 f.) führen ein zeitgenössisches kritisches Urteil zu dem Sektionsbefund an, dazu eines des Psychiaters Kemper, der zusammen mit dem Psychologen Schmidbauer 1986 ein Pro-Ludwig-Buch verfasst hat. Schweiggert und Adami (ebd., S. 54) resümieren Kempers Aussage über Kerschensteiners Bericht so: »Kürzer ausgedrückt: Wir haben zwar eigentlich nichts gefunden, aber das, was wir nicht gefunden haben, reicht aus, um die Geisteskrankheit des Königs zu bestätigen.« Das heißt es ganz sicher nicht. Kerschensteiner meint: Wenn man nichts gefunden hätte, wäre die Geisteskrankheit des toten Monarchen nicht auszuschließen gewesen; es hätten sich aber deutliche Veränderungen gezeigt, die der Diagnose Guddens zusätzliches Gewicht verleihen würden.

Grenzwertschizophrenie) erfüllt, sind aber der Auffassung, aufgrund der berichteten Symptomatik sei die Diagnose des Vollbilds einer Schizophrenie nicht gerechtfertigt. Allerdings hätte möglicherweise die gezielte Exploration die weitergehende Diagnose bestätigen können, und zudem sind in diesen Einschätzungen zu wenig die von Ludwig gezeigten und nicht für Schizotypie charakteristischen Negativsymptome berücksichtigt, autistische Versponnenheit und sozialer Rückzug, zunehmende Apathie und die auffallende Entschlusslosigkeit [Abulie], beispielsweise als es darum ging, durch ein beherztes Vorgehen die Thronenthebung zu verhindern. (Setzt man schließlich in Rechnung, dass allem Anschein nach der König zielgerichtet Bernhard von Gudden erdrosselte und/oder ertränkte, als ihn dieser am Suizid im See hindern wollte, sollte die Diagnose einer voll ausgeprägten Geistesstörung gerechtfertigt sein.[11])

Was bei Ludwig nicht sofort ins Auge fällt, ist die schizophrenietypische Zerfahrenheit. Tatsächlich werden seine vergleichsweise klar formulierten Briefe, auch in den letz-

---

11 Aufgrund des verkleinerten Stirnlappens und angesichts Ludwigs unbeherrschten Verhaltens stellt Förstl (2011) die zusätzliche Diagnose beginnende »frontotemporale Demenz« (etwa synonym mit Pick-Krankheit). Dazu passt nicht, dass diese Krankheitsbilder typischerweise erst etwa ab dem 50. Lebensjahr beginnen und selten länger als ein Jahrzehnt (bis zum Tod) andauern. Bei Ludwig wurden jedoch spätestens in den ersten Jahren seiner Regentschaft dergleichen affektive Auffälligkeiten beschrieben: »›Aber der König konnte auch eigensinnig sein, konnte in Wut geraten, und diejenigen, die ihn die Beherrschung verlieren sahen, berichteten, sein Gesicht hätte sich dann plötzlich so verändert, dass er kaum wiederzuerkennen gewesen sei.‹« (Blunt 1973, S. 17) Die frontalen Veränderungen passen hingegen gut zu einer früh einsetzenden Entwicklungsstörung des Gehirns, als welche die Schizophrenie heutzutage im Wesentlichen aufgefasst wird.

ten Monaten vor der Thronerhebung, gerne als Beweis für die psychische Normalität des Regenten beigebracht. Abgesehen davon, dass Schizophrenie eher selten mit permanenter geistiger Umnachtung gleichgesetzt werden darf – selbst bei dem schwer erkrankten Bruder Otto war das nicht der Fall –, sondern die Erkrankten zwischendurch bei genügender Konzentration durchaus zusammenhängende Gedankengänge formulieren können, so findet man doch Zeichen von Zerfahrenheit sowie Abstrusität in Denken und Sprache, wenn man Ludwigs »geheime Tagebücher« studiert.

> Diese Tagebücher existierten unzweifelhaft, beschreiben Ludwigs innere Zustände –, wohingegen den tagespolitischen Vorgängen, etwa dem Kriegseintritt an der Seite Österreichs gegen Preußen, dem Krieg gegen Frankreich 1870, der wichtigen Schlacht bei Sedan, der Kaiserproklamation Wilhelms I., kein Wort gewidmet ist. Die Tagebücher kamen – vermutlich durch Bestechung eines königlichen Dieners – im Rahmen des Thronenthebungsverfahrens in die Hände von Ministerpräsident Lutz, der sie kopierte; ob dabei Sinnentstellungen vorgenommen wurden, bleibt offen, ist aber nicht sehr wahrscheinlich.
> Viele Jahre später veröffentliche Lutz' Schwiegersohn Riedinger diese Abschriften. Trotz des ominösen Zustandekommens geht man i. A. von der Echtheit der Aufzeichnungen aus. Da die Tagebücher später unwiederbringlich verloren gingen, muss es bei diesen Unsicherheiten bleiben (Blunt 1973, S. 144). Eulenburg sah offenbar die Originale, denn er schreibt: »In seinen Tagebüchern aber, in dem traurigsten Denkmal seines Wahnsinns, verkleckst und verschmiert, in riesigen Buchstaben, steht allenthalben immer von neuem *jamais, jamais, jamais* – und drei königliche Siegel sind darunter gedrückt.« (Eulenburg-Hertefeld 2001, S. 58)

Schon in den Jahren zwischen 1869 und 1872, also etwa 15 Jahre vor seiner Thronenthebung, finden sich folgende merkwürdigen Worte:

»Vom Thronhimmel des Königlichen Bettes auf immer hinweg verlegt, nach jenem weichen Polster eines orientalischen Traum Ortes, doch auch hier nicht wieder, überhaupt keinesfalls vor dem 10. Febr. dann immer seltener, immer, immer seltener – – – Hier gilt kein ›car tel est notre bon plaisir‹ – sondern es ist jetzt ist es strenge einzuhaltendes Gesetz u. ›tout justice émane du Roy. Si veut le Roy, veut la loi‹.« (zit. nach Obermeier 1986, S. 16)

3.9.6 Vincent van Gogh (1853–1890)

Vorbemerkungen

Dieser heute – anders als zu Lebzeiten – äußerst bekannte Maler ist auch psychiatrisch interessant, einerseits wegen der berühmten Selbstabtrennung des rechten Ohres, andererseits aufgrund seiner freiwilligen Internierung in der Irrenanstalt Saint Rémy und schließlich wegen seiner diversen Suizidversuche, von denen der letzte erfolgreich war. Die oft gestellte Diagnose Schizophrenie scheint allerdings korrekturbedürftig.

Leben und Werk

Vincent van Gogh (▶ Abb. 12) war Sohn eines Pastors der niederländisch-reformierten Kirche, besuchte nach der Dorfschule eine Mittelschule, die er jedoch bald verließ – wohl aus Geldmangel, möglicherweise zudem wegen wenig überzeugender Leistungen. Daraufhin trat er eine Stelle als Lehrling in einer Kunsthandlung an, reüssierte dort anscheinend, denn einige Jahre später wurde er in die Londoner Filiale des Unternehmens versetzt. Bald interessierte ihn der Kunsthandel jedoch nicht mehr, er wurde Hilfsprediger in einer Londoner Methodistenschule, versuchte vergebens, ein Theologiestudium zu absolvieren, ging als Laienprediger, in ärmlichsten Verhältnissen lebend, in ein belgisches Kohlerevier und entschied sich schließlich mit 27 Jahren, Maler zu werden. Die Voraussetzungen dafür waren insofern gut, als sein jüngerer Bruder Theo erfolgreicher Kunst-

Abb. 12 Vincent van Gogh. Selbstportrait mit abgeschnittenem Ohr (1889)

händler war und nicht wenig zu seiner Unterstützung beitrug. Nach diversen Zwischenstationen zog Vincent nach Paris, besuchte nie ein Kunstschule (erwarb seine Fähigkeiten autodidaktisch), freundete sich mit diversen Malern an, speziell Gauguin. Die zahllosen Bilder van Goghs (die heute auf dem Kunstmarkt im zweistelligen Millionenbereich gehandelt werden) galten damals als künstlerisch wertlos, sodass der Maler weiterhin seine (bescheidene) Existenz nur mittels der Hilfe seines Bruders führen konnte, immer schwieriger im Umgang und unbeherrschter wurde, zudem exzessiv trank, speziell Absinth.

Schließlich ging er nach Arles in Südfrankreich (wo der Großteil seiner Bilder entstand), versuchte dort eine Künstlerkolonie zu gründen, schaffte es auch, den verehrten Gauguin für eine Weile zu sich zu holen. Letzterer hat allerdings sicher weniger den Malerkollegen geschätzt; eher dürfte ihn die Überlegung geleitet haben, sich so dessen Bruder, den einflussreichen Kunsthändler, gewogen zu machen. Bald kam es auch zu einem heftigen Streit, nach dem sich Vincent einen Teil seines rechten Ohres abschnitt und diesen, so Bankl (2005, S. 159, dem im Übrigen diese Darstellung folgt), »in Zeitungspapier gewickelt, zu einem Mädchen ins Bordell« brachte. Er wurde ins Krankenhaus eingeliefert, konnte aber nach einigen Tagen wieder entlassen werden, bekam zunehmend häufiger diese »Anfälle« (▶Krankengeschichte), unternahm einen Selbstmordversuch, begab sich freiwillig in die Irrenanstalt in Saint-Rémy bei Arles, versuchte dort einen zweiten Suizid – war aber gleichzeitig von ungeheuerlicher künstlerischer Aktivität (malte meist mehrere Bilder pro Woche). Schließlich verließ er Südfrankreich, zog in die Nähe von Paris, wo seine psychische Instabilität weiter zunahm – gleichwohl täglich etwa ein Bild begonnen und vollendet wurde –, und schon etwa zwei Monate später nahm er den Revolver seines Gastwirts und schoss sich eine Kugel in den Bauch. 36 Stunden später verstarb er in seinem Zimmer, in das er sich nach der Tat noch geschleppt hatte.

Krankengeschichte

Trotz der spärlichen Berichte wird man psychische Auffälligkeiten schon früh annehmen dürfen. Die plötzliche Aufgabe eines erlernten und einträglichen Berufs, der missionarisch-religiöse Eifer (der dann auch sehr bald erlahmte), die zumindest »verschrobene« Lebensweise, die diversen Probleme in zwischenmenschlichen Beziehungen und die Trinkexzesse gehen sicher weit über das hinaus, was man unter tolerierbarer Abweichung von der Norm versteht. Unverkennbar wurde die Störung im Rahmen der »Anfälle«: Dem ersten dokumentierten dieser Art, welcher mit der berühmten (teilweisen) Abtrennung des Ohres der spektakulärste war, folgte eine Phase klaren Denkens, bald aber schon ein zweiter Anfall, den Bankl (2005, S. 159) so beschreibt:

»Wie schon beim ersten Ausbruch seiner Krankheit sah er sich von unheimlichen Klängen und Stimmen bedrängt, und jetzt war er überdies davon überzeugt, dass jemand ihn vergiften wollte.«

Wiederum wenige Monate später – nachdem er sich selbst in die Irrenanstalt begeben hatte – findet sich dort folgende Eintragung:

»›(...) leidet an einer akuten Manie, verbunden mit Halluzinationen des Gesichts- und Gehörsinnes, die eine Selbstverstümmelung durch Abschneiden eines Ohres bewirkt haben. Im Augenblick scheint er seine geistigen Fähigkeiten wiedererlangt zu haben, aber er ist der Meinung, seine Kraft und sein Mut reichten zu einer selbstständigen Lebensführung nicht aus.‹« (zit. nach Bankl 2005, S. 159)

Grundsätzlich kann eine bipolare Störung mit raschem Phasenwechsel (rapid cycling) und psychotischer Symptomatik nicht ausgeschlossen werden; allerdings passen die Wahninhalte (Angst, vergiftet zu werden) und die Art der Halluzinationen (»sah sich von unheimlichen Klängen und Stimmen bedrängt«, »leidet an einer akuten Manie, verbunden mit Halluzinationen des Gesichts- und Gehörsinns«) nur bedingt zu diesem Störungsbild. Wahrscheinlich zutreffender ist die Diagnose Schizoaffektive Störung, die dadurch gekennzeichnet ist, dass gleichzeitig oder nur durch wenige Tage getrennt affektive und schizophrene Symptome auftreten. Diese Diagnose stellt auch Bankl (2005, S. 151 ff.), der die Störung mit dem heute ungebräuchlichen Ausdruck »schizo-affektive Legierungspsychose« bezeichnet. Durchaus diskutabel ist die von diesem Autor angestellte Überlegung, dass die im Absinth (den van Gogh bekanntlich exzessiv zu trinken pflegte) enthaltenen Thujone die Halluzinationen mitverursacht haben könnten.

4 Affektive Störungen

4.1 Allgemeines

Der bekannteste amerikanische Schriftsteller war erblich vorbelastet: Sein Vater und sein Bruder hatten sich suizidiert, und er selbst zeigte schon früh gewisse Stimmungsschwankungen; in gehobener Stimmungslage war er extrem abenteuerlustig, geradezu tollkühn und schriftstellerisch äußerst produktiv; die depressiven Verstimmungen fielen anfänglich noch wenig auf. Dies änderte sich, als er älter und kränklicher wurde: Er brachte nichts mehr zustande, war nicht mehr in der Lage, selbst kleinste, unbedeutende Texte zu verfassen, und starrte vor sich hin, entwickelte wahnhafte Schuldgefühle. Auch die Ärzte der berühmten Mayo-Klinik konnten ihm nicht helfen: In ungebessertem Zustand dort entlassen, erschoss er sich wenige Tage später in seinem Haus. Ernest Hemingway litt an einer bipolaren Störung (war »manisch-depressiv«), einer speziellen Form der affektiven Störungen.

Diese sind durch Veränderungen insbesondere der Stimmung gekennzeichnet, wobei sowohl eine ungewöhnlich gedrückte (depressive) als auch eine unangemessen gehobene (manische) Stimmung unter diese Bezeichnung fällt.

Auf kaum einem Gebiet gehen die theoretischen Vorstellungen so weit auseinander wie hier. Die ältere psychiatrische Unterscheidung zwischen »endogener« Depression und anderen Formen wird verschiedentlich in ihrer Zweckmäßigkeit angezweifelt und sowohl in ICD-10 als auch im DSM-5 nicht mehr durchgeführt. Andererseits weisen Kliniker, die mit schweren Ausprägungen dieser Störungen zu tun haben, auf die Notwendigkeit hin, bezüglich Art, Schweregrad und Verlauf der Symptomatik depressiver Störungen grundlegende Differenzierungen vorzunehmen.

In einigen psychiatrischen Lehrbüchern wird daher weiterhin (wie auch hier) die alte Unterteilung beibehalten.

4.2 Depression, Manie und bipolare Störungen

Was allgemein als Depression bezeichnet wird (gedrückte Stimmung, verminderter Antrieb, herabgesetztes Selbstwertgefühl) ist in Wirklichkeit nicht eine einzige Störung, sondern kann unter verschiedensten Umständen zustande kommen. Was Ludwig II. in seinen letzten Tagen oder Monaten zeigte, nämlich Apathie, Verlust an Lebensfreude, Entschlusslosigkeit, Suizidgedanken, war in diesem Fall sehr wahrscheinlich eine Symptomatik aus dem Bereich der Schizophreniespektrumstörungen. Ebenso kann ein solches »depressives Syndrom« als prinzipiell nachvollziehbare Reaktion auf belastende Lebenssituationen auftreten (sogenannte reaktive Depression), Folge diverser organischer Veränderungen sein (z.B. Schilddrüsenunterfunktion, Abfall des Östrogenspiegels in der Menopause, Hirnerkrankungen), ist in vielen Fällen aber (gegenwärtig) nicht erklärbar, sodass manche Autoren hier von »endogener« (»von innen heraus entstehender«) Depression sprechen. Letztere verläuft häufig rezidivierend, in wiederholten, meist Monate dauernden Schüben, zwischen denen jahrelange symptomfreie Intervalle liegen können. Das erniedrigte Selbstwertgefühl kann sich in wahnhaften Vorstellungen äußern, die sich um die eigene Wertlosigkeit und Schuldhaftigkeit drehen, und zuweilen geradezu psychotische Gestalt annehmen (nicht selten mit regelrechten Halluzinationen). In vielen Fällen kommen körperliche Symptome hinzu, wie Schlafstörungen, Appetitlosigkeit oder reduzierter Sexualtrieb.

Die Manie (genauer: das manische Syndrom) zeichnet sich durch gehobene Stimmung, gesteigerten Antrieb und erhöhtes Selbstwertgefühl aus. Die Stimmung ist dabei keineswegs immer euphorisch. Es kann auch eine »Überdrehtheit« oder aggressive Reizbarkeit auftreten. Retrospektiv wird der manische Stimmungszustand keineswegs regelmäßig als angenehm beschrieben. Die Antriebssteigerung macht sich in einer Vielzahl gleichzeitiger Aktivitäten bemerkbar, welche jedoch angesichts stets neuer Ideen selten zu Ende geführt werden (Ideenflucht), sodass letztlich – außer eventuell im Frühstadium oder bei nur »hypomanischen« Zuständen – eine ausgesprochene Unproduktivität resultiert. Das gesteigerte Selbstwertgefühl zeigt sich insbesondere in einer grenzenlosen Überschätzung der eigenen sexuellen Attraktivität, der intellektuellen und finanziellen Möglichkeiten, die bisweilen zu äußerst unangemessenem Verhalten, ruinösen Unternehmungen und sinnlosen Anschaffungen verleitet. Körperlich fühlen sich manische Patienten zumeist ausgesprochen wohl; die Schlafdauer ist reduziert, ohne dass dies als unangenehm empfunden wird. Halluzinationen können vorkommen und erschweren bei zusätzlichem Größenwahn die Abgrenzung von der Schizophrenie.

Als Hypomanie bezeichnet man eine schwächere Ausprägung der Manie mit anhaltend leicht gehobener Stimmung, gesteigertem Antrieb und einem auffallenden Gefühl von Wohlbefinden und Leistungsfähigkeit. Die affektiven Veränderungen wie vermehrte Geselligkeit und Vertraulichkeit oder Libidosteigerung sind nicht groß genug, um »zu einem Abbruch der Berufstätigkeit oder zu sozialer Ablehnung« zu führen; Wahn und Halluzinationen werden nicht beobachtet (nach ICD-10, S. 161 f.).

Die Manie bzw. Hypomanie kann ebenfalls organisch bedingt sein (etwa durch Schilddrüsenüberfunktion, diverse Hirnerkrankungen) und tritt nicht selten akut und auf wenige Stunden beschränkt nach Einnahme von Psychostimulanzien (wie Kokain oder Amphetaminen) auf, ist aber zudem häufig (und im Kontext dieses Buchs von besonderer Bedeutung) bei Personen, die auch depressive Episoden durchmachen. Man spricht hier von bipolarer Störung oder, im allgemeinem Sprachgebrauch geläufiger, von manisch-depressiver Erkrankung (»manische Depression«).

Erinnert sei an die in Kapitel 3.8 beschriebenen schizoaffektiven Störungen, die sowohl mit schizophrenietypischen als auch mit affektiven Symptomen einhergehen. Im letzten Kapitel wurde van Goghs Symptombild als eine wahrscheinliche Störung dieses Typs eingeführt, im Folgenden stellen wir Virginia Woolfs Leiden vor. (Woolf wird allgemein als bipolar gestört angesehen, jedoch spricht einiges für eine schizoaffektive Störung.)

Die Länge der symptomfreien Intervalle bei »unipolaren depressiven« und bei bipolaren Störungen zeigt erhebliche Schwankungen, von wenigen Wochen bis zu mehreren Jahren. Eine Extremvariante stellen die »rapid cyclers« dar, mit mindestens vier Episoden binnen eines Jahres, außerdem die »switchers«, bei denen depressive und manische Phasen ohne symptomfreies Intervall einander ablösen.

Die Phasen bei affektiven Störungen gehen zumeist in einen Zustand affektiver Normalität über; Residuen wie bei der Schizophrenie kommen selten vor. Ist die Prognose somit zwar eigentlich gut, so muss doch der oft erhebliche Schaden bedacht werden, den Personen in einer manischen Phase anrichten, sowie die große Suizidalität, speziell bei bipolaren Störungen – wobei sich übrigens 10–20 % der Patienten während einer dysphorischen manischen Phase das Leben nehmen.

Neben episodenförmig verlaufenden depressiven und manischen Syndromen kommen anhaltende affektive Störungen vor, welche in der Intensität über die Zeit schwanken, aber dabei selten schwer genug sind, um die Diagnose einer depressiven oder manischen Episode zu rechtfertigen. Nicht so sehr die chronisch depressive Verstimmung mit leichterem und weniger klar phasenhaft abgegrenztem Verlauf (Dysthymia), sondern die Zyklothymia oder zyklothyme Störung ist hier von Interesse: Damit wird eine andauernde Stimmungsinstabilität bezeichnet, bei der sich depressive und hypomanische Schwankungen finden, klinisch auffällig, jedoch nicht stark genug, um eine depressive oder (hypo-)manische Phase zu diagnostizieren.

4.3 Erstmanifestationsalter und Epidemiologie

Die episodenhaft abgegrenzten depressiven Störungen können in jedem Lebensalter einsetzen, ihr Erstmanifestationsalter liegt aber meist zwischen dem 25. und dem 35. Lebensjahr. Bipolare Störungen beginnen durchschnittlich einige Jahre früher als die unipolaren. Anhaltende affektive Störungen (Dysthymie und Zyklothymie) machen sich typischerweise im frühen Erwachsenenalter bemerkbar und nehmen mit Schwankungen der Intensität oft einen chronischen Verlauf.

Angaben zur Häufigkeit affektiver Erkrankungen differieren beträchtlich, was großteils auf die nicht einheitliche Terminologie zurückzuführen ist. Für die bipolaren affektiven Störungen mit mindestens einer regelrechten manischen Episode (Bipolar-I-Störung) dürfte die Lebenszeitprävalenz (die Wahrscheinlichkeit, mindestens einmal im Leben daran zu erkranken) bei 1 % liegen, entspricht also ungefähr der der Schizophrenie. Unter Einbeziehung hypomanischer Phasen (Bipolar-II-Störung) und Zyklothymie muss das Lebenszeitrisiko mit etwa 6–8 % deutlich höher angesetzt werden.

Eine noch größere Diskrepanz in den Angaben findet sich hinsichtlich der Häufigkeit depressiver Syndrome, wo zuweilen Lebenszeitprävalenzen von zwischen 15 % und 25 % angegeben werden. Eine einzige Episode erleben etwa 20–30 % der Betroffenen, ein ähnlicher Prozentsatz macht zwei oder drei durch, die Hälfte der Patienten vier oder mehr. (Bei den bipolaren Störungen wird ungefähr eine doppelt so hohe Phasenzahl angenommen.)

Bei rein depressiven Störungen überwiegen Frauen deutlich, etwa im Verhältnis 2 : 1 (möglicherweise noch extremer bezüglich schwer depressiver Zustände), wohingegen bipolare Störungen etwa gleich über die Geschlechter verteilt sind.

4.4 Familiäre Häufung und Vererbung

Affektive Störungen treten familiär gehäuft auf, wobei dies auch für die rein depressiven Störungen gilt, bei den bipolaren Formen jedoch wesentlich deutlicher ist: So haben Verwandte von »manisch-depressiven« Personen eine mindestens 5- bis 10-fach erhöhte Wahrscheinlichkeit, ebenfalls an dieser Störung zu erkranken. Mit Sicherheit ist nicht ein einzelnes Gen für diese Erblichkeit verantwortlich – sonst wären die Erbgänge einfacher. Daher ist eine polygenetische Vererbung anzunehmen.

4.5 Ursachen

Während die »reaktiven Depressionen« in der Regel psychologisch nachvollziehbare Vorgänge sind, ist bei den organischen affektiven Störungen keineswegs immer sofort verständlich, wie die zugrundeliegenden Prozesse die Symptome erklären können. Diesbezüglich noch unklarer sind die »endogenen« Depressionen. Unter anderem werden genetisch bedingte Veränderungen in diversen Transmittersystemen angenommen. Wie es dazu kommt, dass sich diese nur episodenhaft manifestieren, und erst recht, wie bei bipolaren Störungen, die Veränderungen einmal in die eine Richtung, ein anderes Mal genau in die entgegengesetzte tendieren, bleibt nach wie vor rätselhaft. Daneben werden – speziell für rezidivierende Depressionen – andere Entstehungsmodelle diskutiert (etwa chronische, zwischendurch akut aufflammende Entzündungen oder vorübergehende Abbauprozesse im Gehirn; s. dazu genauer: Köhler 2016). In unserem Zusammenhang ist es wenig sinnvoll, auf die kontrovers diskutierten diesbezüglichen Hypothesen einzugehen.

4.6 Berühmte Persönlichkeiten mit mutmaßlich affektiven Störungen

4.6.1 Vorbemerkungen

Wie in den beiden vorigen Kapiteln basiert die Diagnose nur auf zeitgenössischen Berichten, was hier insofern weniger unsicher ist, als schwer veränderte Gemütszustände der Umwelt selten verborgen bleiben. Während es also meist kaum strittig ist, dass bei der betreffenden Person zeitweise eine Depression oder eine Manie oder über einen längeren Zeitverlauf eine manisch-depressive Störung vorlag, ist es keineswegs immer klar, ob diese Veränderungen reaktiv, organisch bedingt oder »endogener« Natur waren. Häufig ist es auch nicht immer leicht zu entscheiden, ob es sich um eine bipolare oder eine schizoaffektive Störung handelte (oder lediglich eine Zyklothymie, eine klinisch auffällige, jedoch nicht allzu stark ausgeprägte Neigung zu Stimmungsschwankungen).

4.6.2 Erzherzog Rudolf, Kronprinz von Österreich-Ungarn (1858–1889)

Vorbemerkungen

Ob der designierte Nachfolger des Kaisers von Österreich, Franz Josephs erster und einziger Sohn Rudolf, tatsächlich eine eindeutige (endogene) affektive Störung hatte, ist keineswegs gesichert. Andererseits wäre es angesichts seines spektakulären Selbstmords schwer zu rechtfertigen, nicht nach diesbezüglichen Hinweisen zu suchen. Seine Stimmungstiefs sind unbestritten.

Leben und Werk

Nachdem aus der Ehe des Kaisers Franz Joseph I. von Österreich und seiner Frau Elisabeth (»Sisi«, auch »Sissi« oder »Sissy«) aus dem Hause Wittelsbach nach den ersten Kindern Gisela und Sophie (welche bald verstarb) der Sohn Rudolf hervorging, war dieser nach den Habsburger Erbgesetzen der natürliche Nachfolger auf dem Kaiserthron. Seine Kindheit und Jugend wird allgemein als wenig freudvoll beschrieben: Sein Vater arbeitete pflichtbewusst vom frühen Morgen bis in die Abendstunden, seine Mutter war immer seltener in Wien, sondern hielt sich monatelang auf Madeira, dann auf Korfu auf, war länger zur Kur in Bad Kissingen, dann für Wochen im Familienschloss in Possenhofen am Starnberger See.[12]

Rudolfs Erziehung übernahm für lange Zeit eine wenig einfühlsame Militärperson, bis Elisabeth (endlich) nach Jahren diesen Zustand beendete und in ihrer launischen Art teilweise selbst eingriff, daneben einen wesentlich begabteren Erzieher mit diesen Aufgaben betraute. Diesem ist zu verdanken, dass Rudolf (dem man – im Gegensatz zu seinem Altersgenossen, dem späteren Kaiser Wilhelm II. – eine

---

12 Offenbar war die Kaiserin krank, ohne dass sicher geklärt ist, woran sie litt. Die häufig gestellte Diagnose Anorexia nervosa (nervöse Magersucht) beginnt in aller Regel mit der Pubertät (wobei die Menstruation dann ausbleibt), wohingegen Elisabeth sehr früh in rascher Folge vier Kinder zur Welt brachte. Auch verliert sich die Störung meist nach einigen Jahren (sofern sie nicht vorher zum Tode führte), geht nicht selten in eine Bulimia nervosa über – worauf aber nichts hindeutet.

rasche Auffassungsgabe nachsagte) eine Reihe durchaus fähiger und politisch-weltanschaulich nicht eingeengter Lehrer erhielt, die ihn liberal (teilweise dezidiert antimonarchistisch und antiklerikal) beeinflussten und Sympathie für die anderen Völker dieses gigantischen Staatsgebildes entwickeln ließen. Die Ungarn hatten sich mittlerweile eine gewisse Anerkennung erringen können – man sprach von Österreich-Ungarn –, die anderen Gruppen wie Böhmen, Ruthenen, Siebenbürger waren noch weit davon entfernt. Konsequenzen hatte dies keine, denn Rudolf durfte zwar repräsentieren, aber keinen Einfluss auf die Politik nehmen, und dies war auch nicht in absehbarer Zeit zu erwarten. Hätte sich der Kronprinz nicht 1889 suizidiert, hätte er noch 27 Jahre auf den Tod des Vaters und die Übernahme des Throns warten müssen; vielleicht war dies auch ganz gut so, denn immerhin herrschte in dem von Franz Joseph eisern regierten Vielvölkerreich eine gewisse Ruhe, und insbesondere die Juden konnten – zumindest *de iure* nicht behindert – ihr Leben führen.

So widmete sich Rudolf anderen Hobbys. Auf dem Gebiet der Ornithologie errang er einen gewissen Expertenstatus. So begleitete der Kronprinz den berühmten Alfred Brehm auf einigen seiner tierkundlichen Expeditionen – anders formuliert: Brehm war Gast Rudolfs auf dessen nicht zuletzt ornithologisch ausgerichteten Reisen –, und die Beschreibungen einiger Vogelarten des gerade 20-Jährigen wurden praktisch unverändert in *Brehms Thierleben* übernommen.

Eine ganz anders gelagerte Beschäftigung galt den Liebesaffären, wofür Rudolf – als Thronerbe und mit gewisser persönlicher Ausstrahlung gesegnet – denkbar günstige Voraussetzungen mitbrachte. (Nicht ohne Pikanterie ist, dass Helene Vetsera, die Mutter der jungen Mary Vetsera, welche Rudolf ein gutes Jahrzehnt später in den Freitod begleiten sollte, dem Kronprinzen zeitweise regelrecht nachstellte.)

Teils um diese Eskapaden zu beenden – was dadurch übrigens mitnichten gelang –, jedoch wohl eher, um möglichst früh genügend Nachkommenschaft zu sichern, entschloss man sich, den gerade 20-jährigen Kronprinzen zu verehelichen, und wurde mit der noch nicht 16-jährigen Stephanie, Tochter des belgischen Königs Leopold II., fündig (▶ Abb. 13). Zwar wurde im Mai 1881 eine prunkvolle Hochzeit gefeiert; glücklich war die Ehe von Anfang an nicht (obwohl bald eine Tochter zur Welt kam) und gegen Ende regelrecht katastrophal. Kurz vor seinem Freitod reichte Rudolf – ohne Wissen des Kaisers – beim Papst ein Gesuch um Auflösung der Ehe ein, welchem Leo XIII. nicht nur nicht entsprach, sondern prompt den Sachverhalt Franz Joseph I. schriftlich mitteilte, was das ohnehin span-

Abb. 13 Kronprinz Rudolf und Kronprinzessin Stefanie. Offizielles Portraitfoto anlässlich der Verlobung des Kronprinzen in Belgien 1881

nungsgeladene Verhältnis zwischen Vater und Sohn weiter verschlechterte.

Der Kronprinz blieb weiter politisch aktiv – initiierte beispielsweise die Herausgabe der vielbändigen Enzyklopädie *Die österreichisch-ungarische Monarchie in Wort und Bild*, in welcher auch die anderen Nationalitäten des Vielvölkerstaats eine gebührende Würdigung erfuhren, verfasste (teils anonym) zahlreiche Schriften, die man in heutigem Licht als scharfsinnig analysierend bezeichnen muss, hatte zudem einen Bekanntenkreis von Personen, welche den damaligen politischen Gegebenheiten sehr kritisch gegenüber standen. Angesichts des in der untergehenden Donau-Monarchie bestens entwickelten Spitzelsystems dürfte dies höfischen Kreisen, und damit dem Kaiser, in fast allen Details bekannt gewesen sein. Rudolfs Auffassung wird man schlagartig als libertär und prosemitisch charakterisieren können, und es ist nur zu verständlich, wie enttäuscht er sein musste, als nach der gerade drei Monate währenden Regierungszeit des ähnlich gesinnten Friedrich III. dessen Sohn – den mit dem österreichischen Kronprinzen eine ausgeprägte wechselseitige Abneigung verband – 1888 als Wilhelm II. den deutschen Kaiserthron bestieg.

Rudolf hatte erkannt, dass die enge Bindung an das Deutsche Kaiserreich Österreich möglicherweise in einen Krieg gegen Länder hineinziehen würde, mit denen es eigentlich friedlich hätte auskommen können (nämlich England und Frankreich). Andererseits war klar, dass Österreichs verstärktes Engagement auf dem Balkan sehr bald zur offenen Konfrontation mit Russland führen würde und dass Deutschland als Bundesgenosse hier vermutlich nur von geringem Nutzen war. Hinzu kam, dass die zunehmend antisemitisch eingestellte österreichische Bevölkerung gegen Rudolf, der seine Ansichten demonstrativ publik gemacht hatte, zusehends eine Antipathie zutage legte.

Das alles hätte trotzdem nicht den spektakulären Suizid in Mayerling erklären können. Hinzu kam, dass – was selten erwähnt wird – Erzherzog Rudolf sich gegen Ende des 1880er-Jahre eine Erkrankung zuzog, und zwar, wie angesichts seiner notorischen Promiskuität nicht erstaunlich, eine venerische (also eine des Geschlechtslebens). Diese war wohl nicht die Syphilis, sondern die Gonorrhoe (▶ Krankengeschichte). Die Symptome waren schwer, und wenn der Thronfolger Anfang 1887 ein detailliertes Testament aufsetzte, geschah dies sicher nicht grundlos. Die im Rahmen der Erkrankung auftretenden Hustenanfälle wurden mit Morphin (Morphium) behandelt, mit der Folge, dass der Patient – anders kann man ihn nun kaum mehr nennen – die Substanz ohne besondere medizinische Notwendigkeit einnahm, also süchtig wurde.

Spätestens wohl seit Herbst 1888 schien sich Rudolf mit Selbstmordgedanken zu beschäftigen, was er auch allen zeigte, denn auf seinem Schreibtisch stand ab einem gewissen Zeitpunkt dauerhaft ein Totenschädel, neben dem ein Revolver lag. Dies heißt aber nicht, dass der Kronprinz nun die typischen Zeichen einer Depression zeigte. Er arbeitete täglich sein gewaltiges Pensum an Aufgaben ab und verzichtete weiter nicht auf Liebesabenteuer, nicht zuletzt mit der in Wien berühmten Mizzi Caspar – heute würde man sie Edelhure nennen –, der Rudolf auch große Summen Geld zukommen ließ. Das Verhältnis war im Reich und den Nachbarstaaten gut bekannt, damit natürlich auch seiner Ehefrau Stephanie. Hamann (1995, S. 419) berichtet Folgendes:

»In der Skandalpresse ist (als eins unter mehreren Beispielen) folgende Affäre nachzulesen, die sich wahrscheinlich vor dem Haus Mizzi Caspars (…) abspielte. Dort sah man oft den Leibfiaker des Kronprinzen, Joseph Bratfisch, stundenlang in der Straße mit seinem ›Zeugl‹ warten. Eines Tages, zur Stunde des größten Straßenverkehrs, fuhr ein Hofwagen vor. Die Kronprinzessin stieg aus, ging zu Bratfisch und befahl ihm, sie in die Hofburg zu fahren. Währenddessen sollte der Hofwagen auf den Kronprinzen warten. Das Wiener Publikum war von jeher schaulustig, und ein Hofwagen lockte Hunderte Zuschauer herbei. So musste der Kronprinz, als er nach der Liebesstunde aus dem Haus trat, statt unbemerkt zu bleiben, eine begeisterte Ovation der Menge über sich ergehen lassen.«

Dieser Mizzi Caspar – die im Übrigen Details der Zusammentreffen mit Rudolf gerne Vertrauten erzählte, welche diese den Polizeiagenten weitergaben – war auch die erste, welcher der Kronprinz den Vorschlag eines gemeinsamen Selbstmordes an einem symbolträchtigen Ort machte. Mizzi sah natürlich nicht die Notwendigkeit, ihr angenehmes Leben so früh zu beenden, und lachte nur über das Ansinnen.

Inzwischen – wohl Mitte 1888 – war allerdings auch die bereits erwähnte 17-jährige Mary Vetsera in Rudolfs Leben getreten, eine Tochter aus dem mittleren Adelsstand, deren Schönheit unterschiedlich geschildert wird, die aber eher als ungebildet galt. Nach der Biografie von Hamann, welche man sicher als die am gründlichsten recherchierte ansehen kann (und der auch diese Darstellung weitgehend folgt), trat Mary mit Briefen an den Kronprinzen heran, in denen sie um Treffen bat. Diese kamen auch zustande und führten zu einem Liebesverhältnis – es gibt gute Hinweise, dass beim Doppelselbstmord Ende Januar 1889 in Mayerling das Mädchen etwa im vierten Monat schwanger war. Dieses schwärmerische und exaltierte junge Wesen war offenbar sofort von dem Gedanken an ein stilvolles gemeinsames Ende begeistert:

»Mary beschäftigte sich Ende 1888 auch mit der Möglichkeit, Gift zu nehmen. Ihr Hauslehrer erzählte, welche Probleme die Siebzehnjährige hatte: ›Sie selbst trüge übrigens keine Bedenken, das

Leben zu verlassen, wozu diente es überhaupt? Sie hatte auch mehrfache Anfälle von Melancholie und Selbstmordgedanken, sprang aber von tiefster Niedergeschlagenheit zu ausgelassenster Lustigkeit.‹ ... In ihren Gesprächen kam sie immer wieder auf den Tod zurück.« (Hamann 1995, S. 435)

Erzherzog Rudolf wurde immer stimmungslabiler – vielleicht auch als Folge des reichlichen Alkoholkonsums –, und Heiligabend 1888 kam es zu einer Szene, welche Hamann (1995, S. 416), einen anderen Autor zitierend, so wiedergibt:

»Am Weihnachtsabend (...) führte die Kaiserin den Kronprinzen Rudolf seiner Schwester als Braut zu und sagte ihm, sie hoffe, er werde, wenn einmal die Eltern tot wären, sich seiner Schwester immer warm annehmen. Da fiel ihr der Kronprinz um den Hals und brach in ein langes, nicht zu stillendes Schluchzen aus, durch das sie tief erschreckt wurde. Es war ein Vorzeichen der Katastrophe, die sich vorbereitete.«

Der Doppelselbstmord war wohl spätestens Mitte Januar beschlossene Sache, und die heftige Szene, die sich am 26. Januar zwischen dem Kaiser und seinem Sohn abspielte (in der wohl der Ausschluss von der Thronfolge zumindest angedroht wurde), ist sicher nicht der Grund für den Suizid des Kronprinzen gewesen, hat aber seinen Beschluss wohl noch bestärkt. Am 27. Januar stand der Ablauf hinsichtlich Ort, Zeitpunkt und Art der Ausführung genau fest. Es ist erstaunlich, wie Rudolf in den letzten Wochen, ja Tagen vor dem Ende noch seinen Routinetätigkeiten nachging, beispielsweise die Anfrage eines Ornithologen über ein seltenes Hühnerexemplar beantwortete. Auch die Liebesbeziehung zu Mizzi Caspar lief wie gewohnt weiter.

Am Nachmittag des 28. Januar 1889 traf Rudolf mit Mary kurz vor dem Jagdschloss Mayerling zusammen, wobei Beobachter den Kronprinzen als ausgesprochen heiter beschrieben (auch noch am Folgetag). Das Paar verbrachte den Abend des 28. und den gesamten 29. im Schloss – teilweise getrennt, da Rudolf noch mit anderen Personen speiste und dabei Smalltalk betrieb. In den frühen Morgenstunden des 30. hörte man zwei Detonationen aus dem Schlafzimmer des Kronprinzen und fand – nachdem man gewaltsam in den abgesperrten Raum eingedrungen war – die Leichen angezogen auf ihren Betten. Neben Rudolf lag der Revolver. Hamann (1995) weist auf zahlreiche Widersprüche der Berichte hin, und natürlich entwickelten sich schnell wilde Gerüchte, umso mehr, als Franz Joseph zunächst eine andere Todesursache mitgeteilt wurde. Mit Abstand am wahrscheinlichsten ist aber die Version, dass Rudolf erst Mary, dann sich selbst erschoss, wie es schon länger geplant war.

Da Selbstmörder nach katholischem Kirchenrecht nicht in geweihter Erde begraben werden durften – erst recht nicht in der Kapuzinergruft ihre letzte Ruhestätte finden konnten –, war das Gefälligkeitsgutachten der Ärzte, welche pathologische Hirnbefunde beim Kronprinzen fanden, die auf »abnorme Geisteszustände« schließen ließen, natürlich sehr hilfreich und für den Kaiser tröstlich. Kaiserin Sisi hingegen machte sich – möglicherweise nicht ganz zu Unrecht – Gedanken darüber, ob »die geistige Verwirrung ihres beklagenswerten Sohnes« nicht »dem vererbten Wittelsbacher Blut« geschuldet sei (vgl. Hamann 1995, S. 487).

Krankengeschichte

Dass Rudolf erblich vorbelastet war, steht außer Zweifel, zum einen vonseiten der Habsburger, die mit ihrer notorischen Inzucht zahlreiche pathologische Genvarianten in sich getragen haben dürften. Zum anderen stammten – und das ist wahrscheinlich bedeutsamer – die Mutter des Kronprinzen ebenso wie seine Großmutter väterlicherseits aus dem Hause der Wittelsbacher, die nach Ansicht mehrerer Forscher bereits Jahrhunderte früher Personen mit psychischen Störungen in ihren Reihen aufwiesen. In jedem Fall hatten sie mit den Königen Ludwig II. und Otto ausgeprägt pathologische Persönlichkeiten hervorgebracht.

Gleichwohl passen Rudolfs Symptome, die sich ja auch erst um das 30. Lebensjahr manifestierten, zu keiner bekannten psychischen Störung – sicher nicht zu einer »endogen« bedingten affektiven Episode (wenn, dann zu einer »gemischten Episode« – aber auch das halte ich für unwahrscheinlich). Hamanns Ansicht, dass es sich letztlich um einen »Bilanzselbstmord« handelte bei schlechter und unauflöslicher Ehe, zerrüttetem Verhältnis zu den Eltern, politischer Perspektivlosigkeit und Verzweiflung angesichts der nicht beeinflussbaren Verhältnisse ist daher durchaus plausibel. (Der von Rudolf prognostizierte Krieg von Österreich-Ungarn an der Seite Deutschlands gegen England, Frankreich und Russland trat zwar ein, aber erst ein Vierteljahrhundert nach seinem Suizid.)

Zu wenig beachtet scheint mir hingegen als zusätzlicher Faktor die Krankheit des Kronprinzen, die Hamann angesichts ihrer sonstigen Akribie überraschend kurz abhandelt. Vielfach wurde das schlechte Aussehen des Thronfolgers angemerkt, was kaum allein Zeichen psychischer Gestörtheit sein kann. Alles spricht dafür, dass Rudolf sich eine Geschlechtskrankheit geholt hatte, und diese war angesichts der rapiden Verschlechterung wohl nicht die Syphilis, sondern die Gonorrhoe (vulgo: Tripper). Dafür spricht auch die schwere Augenentzündung. Die damals noch nicht therapierbare Erkrankung bleibt meist zwar auf die Genitalien beschränkt, kann aber neben der erwähnten Entzündung der Bindehaut auch zu Schäden im Rachenbereich führen – man denke an seinen chronischen Husten, den der Kronprinz mit Morphium zu lindern versuchte – sowie zu Fieber und Gelenkschmerzen. Laut Hamann (1995, S. 389) gab es »über die Art der Krankheit« am Hof »kaum Zweifel«, auch »wenn offiziell lediglich von Rheuma, Bronchitis, Blasenerkrankung, Gelenkentzündung die Rede war«. Die Autorin fügt hinzu:

»Die Krankheit war der Anfang vom Ende, das wusste der Kronprinz nur zu gut. Seine immer häufigeren Depressionen, andererseits seine wilde Lebensgier der letzten beiden Lebensjahre werden erst durch die Krankheit verständlich.« (ebd.)

In der angeführten »Bilanz« wäre also noch die vermutlich unheilbare Erkrankung aufzuführen. Denkbar ist zudem – da Infektionen nicht selten mit depressiver Verstimmung assoziiert sind (s. dazu Köhler 2016, S. 96) –, dass die Entzündungsprozesse in Rudolfs Körper die depressive Symptomatik erst hervorgerufen oder zumindest erheblich verstärkt haben.

4.6.3 Wilhelm II., Deutscher Kaiser (1859–1941)
Regierungszeit: 1888–1918

Vorbemerkungen
»Seine Majestät«, soll Emil Kraepelin gesagt haben, ist »manisch-depressiv«. Leider war keine Quelle zu eruieren, in welcher der Ausspruch belegt ist und wo der damals bekannteste deutschsprachige Psychiater seine Diagnose begründet. Immerhin ist auffällig, dass 1919, weniger als ein Jahr nach Abdankung des Kaisers, eine Reihe von Schriften erschien, welche dieses Thema kontrovers behandelten.

Leben und Werk
Als erstes Kind von Friedrich von Hohenzollern (des Sohns Kaiser Wilhelms I.) und seiner Frau Victoria (Vicky, älteste Tochter der Queen Victoria) kam Wilhelm bekanntlich in einer sehr komplizierten Geburt zur Welt, was zumindest die Verkrüppelung der linken Hand zur Folge hatte, daneben wohl zentrale neurologische Schäden be-

dingte (▶Krankengeschichte). Mithilfe diverser Geräte (Streckungsmaschinen, Fixierungsgestelle) sowie mit operativen Maßnahmen wurde eine Korrektur versucht, die nur bedingt gelang. Immerhin konnte der Kaiser bei öffentlichen Auftritten seine Behinderungen einigermaßen verbergen. Die Mutter hatte einerseits Mitleid mit dem Sohn, andererseits empfand die Kronprinzessin »seine Unvollkommenheit« als »eine ständige, kaum zu ertragende Schmach« (Röhl 2013, S. 16). Zitiert wird sie von Röhl – leider ohne Quellenangabe – wie folgt: »Dieses Thema schmerzt mich so sehr, dass ich am liebsten unter der Erde oder in meinen Schuhen oder sonstwo wäre, wenn andere Leute darüber Bemerkungen machen.« Auch fielen ihr schon im frühen Alter seine »Wutanfälle« sowie der »Hochmut« auf, »den ihr Sohn – auch dies wohl kompensatorisch – zunehmend an den Tag legte« (ebd., S. 17). Sensibel war die zweifellos intelligente Tochter der Queen nicht. So prophezeite sie ihrem Sohn, dass keine ihn nehmen werde.

»Wie tief der Stachel saß, zeigte Wilhelm 1880 anlässlich seiner Verlobung, als er seinem Erzieher Hinzpeter erzählte, er habe nie mit der Möglichkeit gerechnet, dass ›eine Dame wirklich sich für ihn interessiren könne!‹ – und zwar ›seines unglücklichen Armes wegen.‹« (ebd.)

Ob die Eltern es mit der Wahl des pietistischen Erziehers Hinzpeter gut getroffen hatten, wird kontrovers diskutiert. Im Sinne ihrer liberalen Weltanschauungen wurde Wilhelm sicher nicht erzogen. Andererseits kann man Hinzpeter nicht absprechen, sich nach Kräften bemüht zu haben, wozu auch gehörte, dass der künftige Kaiser ein öffentliches Gymnasium in Kassel besuchte; dort war er zwar kein guter Schüler, erreichte immerhin aber die Hochschulreife – danach studierte er zwei Jahre in Bonn.

Wilhelms Faszination für den Krieg und Begeisterung für das Militär, wo er sich gut mit seinen Kameraden verstand und zunehmend deren – um es milde auszudrücken – konservative Ansichten übernahm, stand in immer heftigerem Kontrast zu den Vorstellungen seiner Erzeuger. Auch die Ehefrau, eine schleswig-holsteinische Prinzessin mit dem Namen Auguste Viktoria (Dona), mit der Wilhelm zwar sechs Söhne und eine Tochter hatte, aber keine gute Ehe führte[13], beeinflusste ihn keineswegs im Sinne der anders denkenden Eltern:

»Dona entpuppte sich nicht als liberales, anglophiles Gegengewicht zur reaktionären Berliner Hofclique, sondern als steife, engstirnige, rigoros-orthodoxe, stockkonservative Lebensgefährtin, krankhaft überempfindlich bedacht auf ihre neue königliche und alsbald kaiserliche Würde.« (Röhl 2013, S. 25)

Dass es zu heftigen Auseinandersetzungen zwischen dem Kronprinzenpaar und ihrem ältesten Sohn kam, ist nicht weiter verwunderlich, und dieser versuchte sogar, den alten Wilhelm I. zur Änderung der Thronfolge zu bewegen, indem diese – unter Überspringen seines Sohnes – direkt auf seinen Enkel übergehen sollte. Das gelang zwar nicht, geschah aber de facto doch, als Friedrich Wilhelm noch vor dem Tod von Wilhelm I. an Kehlkopfkrebs erkrankte und gerade einmal 99 Tage als Kaiser Friedrich III. regierte. Im Dreikaiserjahr 1888 bestieg Wilhelm II. mit 29 Jahren den Thron.

Bald folgte die Trennung von Reichskanzler Bismarck, was zur Folge hatte, dass der gerade 30-jährige Kaiser nun weitgehend allein die deutsche Politik bestimmte (▶ Abb. 14).

---

13 Wilhelm hatte auch eine ganze Reihe von Liebschaften, wovon mindestens eine ihm »ein Kind schenkte«, welche Angelegenheit finanziell angemessen geregelt werden musste.

Abb. 14 Kaiser Wilhelm II. im Jahr 1902

Dazu gehörte eine Aufrüstung der Flotte mit Admiral Tirpitz als Oberbefehlshaber, Stärkung des Heeres sowie einige irrational wirkende Entscheidungen, bis sich schließlich die Konstellation ergab, unter der der Erste Weltkrieg begann (das deutsche Kaiserreich und Österreich-Ungarn auf der einen Seite, England, Frankreich, Russland und im Hintergrund die Vereinigten Staaten auf der anderen).

Gerechterweise ist anzumerken, dass zwischen der Thronbesteigung Wilhelms und dem Ausbruch des Kriegs 26 Jahre lagen – auch wenn nach Ansicht des britisch sozialisierten Historikers Röhl (2013) der Kaiser öfter kurz davor stand, zuzuschlagen – und dass der Anlass nicht seine Schuld war. Bekanntlich war die Ermordung des österreichischen Thronfolgers Franz Ferdinand in Sarajewo 1914 der Kriegsauslöser. Mittlerweile hat sich offenbar das Historikerbild insofern gewandelt, als man den deutschen Kaiser wenigstens nicht mehr generell als Alleinschuldigen ansieht – eine Ausnahme macht allerdings der unverhohlen, auch hinsichtlich der Wortwahl, tendenziöse Röhl (2013).

Darüber sollte jedoch nicht vergessen werden, dass Deutschland eine ungeheure Prosperität erlebte – nicht ohne Grund stand diese Epoche unter dem Schlagwort »Herrliche Zeiten«: Zahlreiche Unternehmen entstanden (»Gründerzeit«), großartige Villen im Jugendstil wurden gebaut – nicht nur in den mondänen Badeorten an der Ostsee, sondern auch in den Städten –, ein breiter Mittelstand entwickelte sich, Dank der Bismarck'schen Sozialgesetze war die Situation der arbeitenden Bevölkerung – verglichen mit anderen Ländern – nicht ganz schlecht (natürlich auch noch nicht auf einem heutigen Standards entsprechendem Niveau).

Der Erste Weltkrieg bahnte sich an, als 1908 Österreich-Ungarn das bis dahin nur verwaltete Bosnien-Herzegowina annektierte und damit der Konflikt mit der expansiven, von Russland unterstützten Balkanmacht Serbien vorprogrammiert war. Die Balkan-Region hatte zum osmanischen Reich gehört und wurde nach dessen Zerfall im Berliner Kongress 1878 Wien zur Verwaltung übertragen. Dass dieses Land als eigenes Staatsgebilde damals nie überlebensfähig war, lag auf der Hand, und ob Serbien – trotz der vielen dort lebenden orthodoxen Slawen – einen legitimeren Anspruch auf Einverleibung hatte, darf bezweifelt werden. Am 28. Juni 1914 ereignete sich das, was man mit gewissem Recht als »historischen Zufall« bezeichnen könnte: Der österreichische Thronfolger Franz Ferdinand, auf Truppenbesuch in Bosnien-Herzegowina, benutzte – trotz geheimdienstlicher Warnungen – die Gelegenheit, sich im offenen Wagen der Bevölkerung von Sarajewo zu zeigen. Obwohl eine Bombe geworfen wurde, setzte er seine Fahrt fort; dann verfuhr sich sein Chauffeur, hielt an, um zu wenden, und im Abstand von wenigen Metern konnte Gavrilo Princip, Angehöriger einer von Serbien unterstützten Untergrundorganisation, etliche Schüsse abgeben, welche Franz Ferdinand und seine Gattin töteten. Zeitungen in Belgrad feierten die Tat und ihren Helden. Österreich-Ungarn stellte ein vergleichsweise akzeptables Ultimatum an Serbien, auf das erst eingegangen wurde, dann doch nicht, und letztlich folgte die österreichische Kriegserklärung an Serbien, schließlich – mit Abstand und unter Zögern – weitere. Letztlich traten die Mittelmächte (Deutschland und Österreich-Ungarn) gegen eine Koalition von Russland, Frankreich und England in den Krieg. Dieser wurde – obwohl es anfangs nicht danach aussah (Basis der berühmten Dolchstoßlegende) – von letzteren gewonnen, und Ende 1918 wurde die Weimarer Republik ausgerufen. Wilhelm ging ins luxuriöse Exil nach Doorn (Niederlande), und wenig später wurde die Kapitulation unterzeichnet. Wilhelm lebte noch 23 Jahre, weiterhin eine bekannte und besuchte Person. Nachdem 1921 die Kaiserin gestorben war, heiratete er erneut eine deutlich jüngere Frau und starb schließlich 1941 (immerhin 83-jährig).

In den letzten Jahren waren die sich schon lange andeutenden Überzeugungen zunehmend in Erscheinung getreten: Was nicht deutsch, protestantisch und monarchisch gesinnt war, war Ausgeburt des Satans, und gegen Ende machte der Ex-Kaiser erschreckend antisemitische Aussagen. Immer in gutem Kontakt war er mit den Nationalsozialisten, die zeitweise die Idee hatten, ein deutsches Kaiserreich unter Regentschaft der Hohenzollern wiederherzustellen.

Krankengeschichte
Dass die Geburt Wilhelms komplikationsreich verlief, ist lange bekannt. Mittlerweile wurden auch einschlägige Dokumente der Öffentlichkeit zugänglich gemacht, die beispielsweise bei Röhl (2013, S. 11) referiert werden. Dem-

nach lag die Kronprinzessin schon lange in den Wehen, bis endlich der renommierte Frauenarzt eintraf – ein Fehler, der letztlich auf den Ehegemahl Friedrich Wilhelm zurückging. Möglicherweise hatte der Geburtshelfer die Schwangere nie vorher untersucht, während ein von Queen Victoria nach Berlin geschickter Arzt diesbezüglich wenig kompetent gewesen sein dürfte.

Die Geringschätzung, welche die Queen und ihre Tochter den deutschen Ärzten entgegenbrachten, hat nicht nur möglicherweise Prinz Wilhelm einen körperlichen (und indirekt seelischen) Schaden zugefügt, sondern auch den frühen Tod seines Vaters bedingt: Als sich bei Friedrich Wilhelm deutliche Veränderungen am Kehlkopf zeigten, ließ sich dieser beeinflusst von seiner Frau (welche wiederum dem Rat eines britischen Arztes folgte) nicht operieren, sodass der Krebs ungebremst fortschreiten konnte und letztlich ein Luftröhrenschnitt dem Thronanwärter nur kurz Linderung brachte und einen grausamen Todeskampf lediglich verlängerte. Insofern ist die Wut Wilhelms gut nachvollziehbar:

» ›Mein armer vielfach getäuschter Vater, von Lug, Trug, Intrigen und Ränken umgeben, hat in elfter Stunde, als es fast zu spät war, die Operation durchgemacht. Heldenhaft trägt er das schreckliche Leiden, welches durch Unfähigkeit und Böswilligkeit der Engländer ihn beinahe das Leben gekostet. (…) Rassenhass, Antideutschtum bis zum Rande des Grabes! (…) Die Satansknochen!‹« (zit. nach Röhl 2013, S. 29)

Dass sich, schon früh zugrunde gelegt, ein pathologischer Hass gegen alles Britische entwickelte und sich eine der vielfältigen Ursachen des Ersten Weltkrieges herausbildete, lässt sich nur als Tragödie bezeichnen, umso tragischer deshalb, weil den britischen Arzt MacKenzie möglicherweise geringere Schuld traf als die zuerst behandelnden deutschen Ärzte (s. Freund 1966).

Dem Wilhelms Geburt begleitenden deutschen Gynäkologen blieb nur übrig, eine Steißlage zu konstatieren, und als er das Kind im Geburtskanal wenden wollte, riss er das Nervengeflecht in der linken Achsenhöhle (den Plexus brachialis) ab; wahrscheinlich kam der künftige Kaiser auch mit deutlichem Sauerstoffmangel zur Welt. (In älteren Versionen ist zu lesen, dass Wilhelm für etwa eine Minute scheintot war, und dass bei der Wiederbelebung der Arm lädiert wurde.) Sehr wahrscheinlich kam es bei der Geburt auch zu zentralnervösen Schäden, worauf die Gleichgewichtsstörungen und Ohrbeschwerden des späteren Kaisers zurückgeführt werden. Später musste er sich, u. a. wegen Polypen, mehrfach ausgedehnten Ohroperationen unterziehen; ob und wie das mit der komplikationsreichen Geburt zusammenhing, ist schwer zu sagen.

Dass Wilhelm markige, großspurige Aussprüche von sich gab – einige sind (leider ohne Quellenangabe) bei Röhl (2013) angeführt – und zuweilen unbedachte Reden hielt, ist unzweifelhaft; allerdings ist in Rechnung zu setzen, dass in jener Zeit allgemein der Ton weniger politisch korrekt war. Auch ist eine Stimmungslabilität unverkennbar (Wilhelm zog sich oft für längere Zeit zurück). Als der Weltkrieg nicht mehr zu vermeiden war, lag er tagelang im Bett, nach seiner Abdankung verließ er viele Wochen nicht sein Schlafzimmer. Jedoch sagt das nichts: Seine Majestät litt unter des Schicksals Grausamkeit, hatte aber keine depressive Episode im Rahmen einer endogenen Erkrankung. Dann aber zeigte er wieder übermäßige Aktivität (zum Schluss u. a. bei seinem legendären Holzhacken). Bekannt ist auch, wie schnell er eine eben noch in höchsten Tönen gelobte Person verdammen konnte.

Es ist sicher keine Schwierigkeit, Kriterien für eine oder mehrere Persönlichkeitsstörungen zu finden: Als Kandidaten drängen sich Narzisstische, Histrionische und Emotional-instabile auf. Nichts spricht aber für eine regelrechte bipolare Störung, da längere depressive Episoden nicht dokumentiert sind. Auch in der Familienanamnese deutet nichts auf eine entsprechende erbliche Belastung hin. Nicht uninteressant ist die Annahme, dass Wilhelm über seine britische Mutter die Anlage zur Porphyrie trug, welche bei seinem Vorfahren, dem unglücklichen George III., voll zum Ausbruch kam (▶ Kap. 2.3.2). Jedoch sind bei Wilhelm nie entsprechende Bauchbeschwerden oder eine Urinverfärbung beschrieben worden, und geistig umnachtet war der Ex-Kaiser definitiv nie.

Auch das, was Lutz (1919) in seiner Monografie *Wilhelm II. periodisch geisteskrank* als Belege anführt, reicht bestenfalls, eine Zyklothymie zu diagnostizieren, aber wohl nicht einmal das.[14]

---

14 Auch die anderen Pathografien bzw. »Anti-Pathografien« aus dem Jahre 1919 helfen in der Beurteilung nicht weiter: Tesdorpf (1919), der es zwar z. B. im Vorwort an markigen Worten nicht fehlen lässt (etwa: »Für den erfahrenen Arzt und Psychiater besteht kein Zweifel, dass Wilhelm II. schon von Jugend auf ein Geisteskranker war«), diagnostiziert eine »periodische Geistesstörung«, also das, was heute bipolare Störung genannt wird; er gibt jedoch lediglich seine persönlichen Eindrücke wieder, die er empfing, als er Wilhelm zweimal aus der Distanz sah, sowie Aussprüche anderer. – Die Erwiderung Kleinschrods besteht im Wesentlichen in einer breiten Darlegung der Tatsache, dass Tesdorpf für seine Behauptungen keine Beweise liefert, trägt aber selbst nichts zur einem besseren Verständnis der Auffälligkeiten des Kaisers bei. Vollkommen wertlos ist der »Versuch einer psychologischen Analyse«, die Friedländer an Wilhelm II. versucht. Er vermeidet jegliche psychiatrische Diagnose, der Satz »Hier sehen wir einen Glauben, der bereits die Kennzeichen der Monomanie, der überwertigen Idee, des Pathologischen zeigt« (Friedländer 1919, S. 46) ist bereits die schärfste Aussage überhaupt, die Friedländer über den letzten deutschen Kaiser macht. Der übrige Text ist eine einzige Verteidigungsrede, in der zwar kleine Fehler und Schwächen Wilhelms eingeräumt werden, welche ihn aber letztlich von aller Schuld frei spricht.

4.6.4 Virginia Woolf (1882–1941)

Vorbemerkungen
Virginia Woolfs Bedeutung für die Literaturgeschichte ist unbestritten, insbesondere weil sie als emanzipierte Schriftstellerin in feministischen Kreisen erhebliche Resonanz gefunden hat. Ihre unleugbare psychische Störung, welche mit einem Suizid endete, wird hingegen nicht einheitlich diagnostisch eingeordnet.

Leben und Werk
Virginia Woolf (▸ Abb. 15) wurde als zweite Tochter des Ehepaars Leslie und Julia Stephen geboren. Sie entstammte einer Familie, die bereits einige angesehene Personen hervorgebracht hatte und in gutem Kontakt zu englischen

Abb. 15 Die zwanzigjährige Virginia Woolf (1902)

Schriftstellerkreisen stand. So hatte Leslie in erster Ehe eine Tochter des berühmten Romanautors William Thackeray geheiratet, welche jedoch wenige Jahre später verstarb. Zudem war die Familie recht begütert: Man besaß ein Haus in der Hyde Park Gate im Londoner Viertel Kensington, daneben einen Sommersitz in Cornwall, die Jungen kamen in die besten Schulen und Universitäten, die Mädchen wurden zu Hause unterrichtet, der im Hause verkehrende Kreis bestand aus den namhaftesten englischen Schriftstellern.

Dennoch waren gewisse Schwierigkeiten von Anfang an nicht zu übersehen: Der Vater, ursprünglich zum Geistlichen bestimmt, entschied sich für eine eher unsichere schriftstellerische Karriere, litt offenbar an einer affektiven Störung (wie bereits einige seiner Vorfahren); die Mutter war Witwe aus einer ersten Ehe, was bedeutete, dass die dort geborenen Söhne ebenfalls zur Familie gehörten. Auch zeigte Virginia schon früh gewisse psychische Auffälligkeiten (▶ Krankengeschichte).

Der erste schwere Schlag kam, als die Mutter (noch keine 50 Jahre alt) 1895 an einer verschleppten Grippe starb. »Mit dem Tod meiner Mutter«, schreibt Virginia Woolf in einem ihrer autobiografischen Werke, »war das fröhliche, abwechslungsreiche Familienleben, das sie aufrechterhalten hatte, für immer zu Ende. Statt seiner senkte sich eine düstere Wolke auf uns herab.« (zit. nach Waldmann 2006, S. 23)

Der ohnehin schon zur Schwermut neigende Vater erlitt jetzt erhebliche depressive Zustände mit den charakteristischen Selbstanklagen. Virginias Stiefschwester Stella, die Tochter aus der ersten Ehe der Mutter, leitete nun (zeitweise) den Haushalt, ein anderer Stiefbruder versuchte, die von Leslie nicht mehr zu leistende Vaterrolle zu übernehmen und überschritt in diesem Zusammenhang im Verkehr mit den Stiefschwestern wohl nicht selten die Grenzen der Schicklichkeit – worauf Virginia nicht zuletzt ihre Aversion gegen körperlichen Kontakt mit Männern zurückführte. Ihr schriftstellerisches Interesse (etwa in Form einer Familienzeitschrift, eines Tagebuchs) erlahmte, sie wurde auffällig gereizt, zeigte Schlafstörungen und Appetitlosigkeit. Stella, die bald darauf heiratete und auszog, starb wenig später an einer Bauchfellentzündung. Virginias ältere (leibliche) Schwester Vanessa leitete nun den Haushalt in ständiger Konfrontation mit dem abwechselnd aggressiv-gereizten und depressiven Vater. Dieser wurde krebskrank und verstarb 1904.

Der Haushalt wurde aufgelöst, Virginia und Vanessa (nach wie vor nicht unvermögend) zogen in den weniger feinen, aber von Intellektuellen geschätzten Stadtteil Bloomsbury. Auf einer zuvor unternommenen Europareise hatte Virginia eine ausgeprägte psychische Störung entwickelt, welche eine rasche Rückkehr erforderte und eher an eine Krankheit des schizophrenen Formenkreises als an eine affektive Störung denken lässt. In der neuen Wohnung lebten die Schwestern nun wesentlich ungezwungener, lasen, dinierten auswärts, gingen ins Theater, trafen andere junge Leute, diskutierten. Sexualität hat bei Virginia jedoch allem Anschein nach keine wesentliche Rolle im Leben gespielt:

»Für Virginia bedeutete das neue Bloomsbury eine innere Befreiung von den moralischen Fesseln ihrer Erziehung. Dass man über sexuelle Dinge ganz offen reden konnte, genügte ihr. Vanessa dagegen lebte diese Freizügigkeit auch einigermaßen aus. Danach verlangte es Virginia nicht.« (Waldmann 2006, S. 61)

Ihre Schwester hingegen heiratete bald und war erotisch eher freizügig. So dementierte die frischgebackene Ehefrau laut Waldmann (ebd., S. 59) nicht »das Gerücht, wonach sie ungeniert vor aller Augen im Salon am Gordon Square mit dem Nationalökonomen Keynes den Beischlaf vollzogen habe«.

Nach einem einige Monate währenden Aufenthalt in einer psychiatrischen Klinik mietete Virginia im Jahr 1911 zusammen mit mehreren jungen Männern ein Haus. Einer davon war Leonard Woolf, Sohn einer respektablen, aber mittlerweile verarmten Familie, der Kolonialbeamter auf Ceylon geworden war, dann aber zurückkehrte, nicht zuletzt, um Virginia zu heiraten; diese stand aus praktischen Gründen einem solchen Angebot nicht ablehnend gegenüber. Sehr unverblümt hatte sie kurz zuvor die eigene Situation so charakterisiert: »›Neunundzwanzig sein (...) und unverheiratet – ein Versager – kinderlos – dazu geisteskrank und kein Schriftsteller.‹« (nach Waldmann 2006, S. 66)

Ein erotisches Bedürfnis lag dem Wunsch nach einer Beziehung kaum zugrunde. Unverhohlen schreibt sie ihrem künftigen Ehemann:

»›Wie ich Dir kürzlich brutal beschrieben habe (...) übst Du auf mich keine körperliche Anziehungskraft aus. Es gibt Augenblicke – als Du mich neulich geküsst hast, war ein solcher –, wo ich nicht mehr als ein Felsen empfinde.‹« (ebd., S. 68)

Dass das Ehepaar kinderlos blieb, lag allerdings nicht nur am seltenen Vollzug des Geschlechtsaktes. Waldmann erläutert: »Merkwürdigerweise wünschte sie sich auch Kinder, und es traf sie hart, als die Ärzte andeuteten, dass sie wohl nie Kinder haben würde und es auch aus gesundheitlichen Gründen besser sei, keine zu bekommen.« (ebd.)

Was sie suchte, war – nicht zuletzt angesichts ihres fragilen seelischen Zustands – Geborgenheit und Hilfe, und diesbezüglich hätte sie keine bessere Wahl treffen können: Leonard Woolf ertrug ihre teilweise extreme Gereiztheit und Aggressivität, fand sich mit den zahlreichen (nicht billigen) Klinikaufenthalten ab und versuchte geschickt, ihre psychische Labilität durch Regelung des Tagesablaufs in Grenzen zu halten.

Finanziell hatte das Ehepaar zunächst erhebliche Probleme: Die ersten von Virginia verfassten Bücher warfen so gut wie nichts ab, ein wenig mehr wenigstens ihre journalistische Tätigkeit. Er musste ungeliebte Jobs annehmen. Zwischendurch traten immer wieder unklare »psychische Anfälle« mit Angstträumen und »Schreckensvisionen« auf, und einmal fand man sie bewusstlos auf dem Bett – Folge eines Suizidversuchs mit dem Barbiturat Veronal.

1917 – Virginia hatte inzwischen weitere »Anfälle« gehabt und diverse Klinikaufenthalte hinter sich – entschloss sich das Ehepaar, einen Verlag zu gründen, die Hogarth Press (benannt nach dem Hogarth House, in dem sie seinerzeit wohnten und in dessen Keller die erste kleine, gebraucht gekaufte Druckmaschine stand). Anfangs brachte das Unternehmen wenig ein, sorgte aber für einen langen, geregelten Tagesablauf, der sich positiv auf Virginias psychische Stabilität auswirkte. Später wurde ein renommierter Verlag daraus, nicht zuletzt, weil es gelungen war, sich die Publikationsrechte für Werke namhafter ausländischer Autoren zu sichern. So erschien beispielsweise *The Standard Edition of the Complete Psychological Works of Sigmund Freud* bei Hogarth Press. Virginias Bücher verkauften sich nun sehr gut: So wurden von *Mrs. Dalloway* (erschienen 1925) 8 000 Exemplare gedruckt und rasch abgesetzt, noch größere Mengen von *To the Lighthouse* (1927), *Orlando* (1928), *The Waves* (1931) und insbesondere von *The Years* (1937). Auch Leonard wurde mittlerweile wesentlich besser bezahlt und konnte sich zudem intensiv der Politik widmen – trotz gelegentlicher »depressiver« Zustände ging es der vielbeschäftigten Autorin, Journalistin und gesellschaftlich vielfältig Engagierten wesentlich besser als lange zuvor.

»Doch mit des Geschickes Mächten ist kein ew'ger Bund zu flechten«, wie es bei Schiller heißt: Im November 1940 bemerkte Leonard, dass »Virginia langsam wieder in ihren Wahn hineintrieb«. Nach einer Konsultation mit einer befreundeten Ärztin am 27. März 1941 schien sie jedoch »ruhig und gefasst« zu sein. Der nächste Tag brachte die Katastrophe: »›Der 28. März begann mit einem kalten, aber klaren Morgen. Leonard brachte Virginia wie immer das Frühstück ans Bett.‹« Nachdem diese, auf Bitte ihres Mannes, kurz der Haushälterin beim Abstauben geholfen hatte, legte sie das Tuch weg und verließ wortlos den Raum. »›Sie ging, wie jeden Morgen, über den Garten in ihr Zimmer. Dort setzte sie sich an ihren Schreibtisch mit dem Blick auf die Niederungen der Ouse, starrte vielleicht auf die Seevögel, die in dem farblosen Himmel auf und nieder glitten. Dann schrieb sie bedächtig zwei Briefe, an Leonard und Vanessa.‹« Der erste lautete so:

»›Liebster, ich spüre genau, dass ich wieder wahnsinnig werde. Ich glaube, dass wir eine solche schreckliche Zeit nicht noch einmal durchmachen können. Und diesmal werde ich nicht wieder gesund werden. Ich höre Stimmen, und ich kann mich nicht konzentrieren. Darum tue ich, was mir in dieser Situation das Beste scheint. Du hast mir das größtmögliche Glück geschenkt. Du bist mir alles gewesen, was einem einer sein kann. Ich glaube nicht, dass zwei Menschen haben glücklicher sein können – bis die schreckliche Krankheit kam. Ich kann nicht länger dagegen ankämpfen. Ich weiß, dass ich Dir Dein Leben ruiniere und dass Du ohne mich würdest arbeiten können. Und ich weiß, Du wirst es tun. Du siehst, nicht einmal das kann ich richtig hinschreiben. Ich kann nicht lesen. Was ich sagen möchte, ist, dass ich alles Glück meines Lebens Dir verdanke. Du bist unglaublich geduldig mit mir und unglaublich gut zu mir gewesen. Das möchte ich sagen – jeder weiß es. Hätte mich jemand retten können, wärest Du es gewesen. Alles, außer der Gewissheit Deiner Güte, hat mich verlassen. Ich kann Dein Leben nicht länger ruinieren. Ich glaube nicht, dass zwei Menschen glücklicher hätten sein können, als wir gewesen sind.‹« (zit. nach Waldmann 2006, S. 126)

Den weiteren Vorgang rekonstruiert der Biograf so: »Sie ging ins Haus zurück, schlüpfte in ihren Mantel und nahm den Stock. Vorher legte sie im Wohnzimmer die beiden Briefe auf den kleinen Kaffeetisch. Als sie das Haus verließ, wurde sie von niemandem gesehen. Es war gegen halb zwölf. Der Weg führte Virginia zum Fluss, durch schöne Wiesen, die noch feucht waren vom Morgentau. (…) Sie hatte sich mit Steinen in den Manteltaschen beschwert. Sie wollte kein Risiko eingehen. Dann watete sie in den Fluss. So oder ähnlich muss es sich abgespielt haben.«

Der Bericht fährt fort:

»›Louie läutete um eins zum Mittagessen. Leonard (…) aber kam sofort die Treppe heruntergerannt und schrie, er glaube, seine Frau habe sich etwas angetan. Leonard hatte die Briefe gefunden. Durch den Garten stürzte er auf den Fluss zu. Der Gärtner alarmierte den Dorfpolizisten. Leonard suchte am Fluß entlang, vergeblich, bis in die Nacht. Zwei Wochen später fanden Kinder Virginias Leiche am Ufer.‹« (ebd., S. 127 f.)

Krankengeschichte

Dass in der väterlichen Familie Virginia Woolfs mehrere Fälle von psychischer Auffälligkeit auftraten, ist gut dokumentiert (s. dazu auch Kottler 2006, S. 108). Ob es sich um bipolare Störungen gehandelt hat, ist weniger eindeutig. Der Vater war affektiv labil, aber wohl eher im Sinne einer Zyklothymie. Nach dem Tode seiner zweiten Frau (mittlerweile 63 Jahre alt) war er jedoch schwer depressiv, möglicherweise mit psychotischer Symptomatik. Eine bipolare Störung beginnt aber in aller Regel deutlich früher. Dass seine Tochter aus erster Ehe »schwachsinnig« war und ihr restliches Leben weitgehend in einem Heim verbrachte, ist genetisch sicher eher auf deren mütterlichen Erbteil zurückzuführen – die Großmutter des Mädchens, die Frau des berühmten William Thackeray, kam mit etwa 40 Jahren in eine Nervenheilanstalt.

Bei Virginia zeigten sich schon früh psychische Symptome, die eher an eine schizophrene Symptomatik denken lassen. In der autobiografischen Schrift *Eine Skizze der Vergangenheit* heißt es:

»›Da war der Augenblick mit der Pfütze quer über den Weg, als plötzlich alles, ohne jeden erfindlichen Grund, unwirklich wurde; ich schwebte, ich konnte nicht über die Pfütze steigen, ich versuchte, etwas zu berühren … die ganze Welt wurde unwirklich. (…) Doch damit war es nicht zu Ende, denn an jenem Abend im Bad überkam mich das dumpfe Entsetzen wieder. Wieder fühlte ich jene hoffnungslose Traurigkeit, jene Nervenkrise, wie ich sie schon einmal beschrieben habe, als wäre ich, durch einen Holzhammerschlag betäubt, schutzlos und wehrlos einer ganzen Lawine des Ausgeliefertseins preisgegeben, die sich zusammengeballt hatte und auf mich herabstürzte, sodass ich regungslos an meinem Ende der Wanne kauerte. Erklären konnte ich es nicht …‹« (zit. nach Waldmann 2006, S. 16 f.)

Kontnami (2012), welche eine bipolare Störung annimmt, sieht die eigenartige Reaktion Virginias (den Zwang, loszulachen), als sie mit 13 Jahre am Totenbett ihrer Mutter stand, als die erste manische Episode an. Auf mich wirkt es eher wie ein schizophrenes Symptom (die erwähnte Affektinadäquatheit), und dazu passt auch die weitere Schilderung: »*Als ich sie küßte, war mir, als küßte ich kaltes Eisen. Wenn ich kaltes Eisen berühre, steigt seither dieses Gefühl immer in mir auf – ich fühle das Gesicht meiner Mutter – kaltes, körniges Eisen.*« Und als sie wenig später ihren zur Beerdigung angereisten Bruder vom Bahnhof abholte, beschreibt sie ihr Empfinden so:

»›Die Sonne ging gerade unter, und die große Glaskuppel am Ende des Bahnhofs strahlte in feurigem Licht. (…) Sie beeindruckte und erregte mich zutiefst. Ich ging den Bahnsteig entlang und starrte hingerissen auf diese herrliche Farbenpracht. (…) Der Kontrast zwischen diesem strahlenden, prachtvollen Licht und den verhüllten und verhangenen Räumen in Hyde Park Gate war überwältigend. Zum Teil lag es auch daran, dass der Tod meiner Mutter enthüllte und intensivierte und mich plötzlich Wahrnehmungen entwickeln ließ, als hätte man ein Vergrößerungsglas über das gehalten, was im Dunkel geruht und geschlummert hatte. Natürlich war dieses plötzliche Erwachen nur spasmodisch. Doch es war überraschend – als wäre etwas ohne jede Anstrengung sichtbar geworden.‹« (zit. nach Waldmann 2006, S. 22f.)

Koutnami, die sich hierbei auf Kottler (2006) beruft, schätzt eine auffällige Symptomatik Virginias nach dem Tod ihres Vaters ebenfalls als manische Episode ein: Drei Krankenschwestern seien nötig gewesen, um die hochgradig Erregte zu kontrollieren. Sie sei für mehrere Monate psychotisch gewesen, habe unverständliche Ströme von Schimpfworten von sich gegeben, die sich hauptsächlich gegen die Schwester Vanessa richteten. Sie glaube auch, King Edward stelle ihr nach, halte sich unter ihrem Fenster verborgen und verspotte sie. Vor Verzweiflung habe sie sich aus dem Fenster des ersten Stocks gestürzt, was einen Klinikaufenthalt nach sich zog. Diese psychotische Symptomatik wirkt angesichts des Wahninhalts eindeutig schizophren; es könnte sich auch um eine schizomanische Episode gehandelt haben (bei der ebenfalls Verfolgungswahn auftritt), aber diese sind meistens kürzer. Andererseits hat sich Virginia nach solchen Phasen oft schnell und ohne Rückstände erholt, was wiederum für letztere Diagnose sprechen würde: Mitte Februar des Jahres 1915, schreibt Waldmann (2006, S. 77), »schien aber die Krankheit zurückzukehren; morgens zeigten sich die ersten Symptome: Virginia redete verworrenes Zeug, warf sich unruhig hin und her. Leonard wusste, was das hieß. Aber am 25. Februar konnte Virginia erlöst an Margaret Llewelyn Davies schreiben: *Wie wundervoll sich alles verändert hat in den letzten Tagen. Ich bin zwar etwas müde, aber wieder ganz gesund. Es ist so wunderbar, dass ich es kaum glauben kann.*«

Die häufig gestellte Diagnose einer Bipolar-II-Störung mit depressiven und bald folgenden (oft mit deutlicher Produktivität einhergehenden) hypomanischen Phasen klingt wenig überzeugend, da eine Hypomanie definitionsgemäß ohne psychotische Symptome verläuft. Wiederholte psychotische Episoden im Rahmen einer lange anhaltenden bzw. immer wieder aufflackernden Schizophrenie müssten angesichts des langen Krankheitsverlaufs zumindest eine angedeutete Residualsymptomatik nach sich ziehen, worauf es aber nicht die geringsten Hinweise gibt. Und: Ohne das Argument überbewerten zu wollen, sind laut der nach wie vor nicht widerlegten Konstitutionslehre E. Kretschmers manisch-depressive Personen eher pyknisch gebaut, Schizophrene eher leptosom (hager, feingliedrig); Letzteres traf in ausgeprägtem Maße auf Virginia Woolf zu.

Am ehesten dürfte an eine »Mischpsychose« zu denken sein, in neuerer Terminologie: eine schizoaffektive Störung, wie bei Vincent van Gogh (▶ Kap. 3.9.6). Die (mindestens) zwei erfolglosen Suizidversuche Virginias, dann der entschlossene Freitod, dazwischen die Spontanremissionen und die ungestörten längeren Phasen ausgesprochener Produktivität erinnern an die Krankengeschichte des berühmten Malers.

Orr (2004) zweifelt ebenfalls an der Korrektheit der Diagnose Bipolare Störung. Er nimmt an, dass Virginia Woolf im Laufe ihres Lebens nicht eine, sondern verschiedene psychische Störungen durchmachte, was unwahrscheinlich ist. Die Symptomatik war stets sehr ähnlich, und dies wurde auch von der Patientin selbst so empfunden (»ich spüre genau, dass ich wieder wahnsinnig werde« oder »bis die schreckliche Krankheit kam«).

4.6.5 Ernest Hemingway (1899–1961)

Vorbemerkungen
Obwohl mittlerweile weit über ein halbes Jahrhundert tot, bleibt Hemingway einer der bekanntesten amerikanischen Schriftsteller. Er ist ein klassisches Beispiel einer bipolaren

Störung (wohl Bipolar II) und illustriert die nicht seltenen Fälle, bei denen die Kreativität teuer mit einem schweren psychischen Leiden erkauft war. So gibt es mehrere Studien, die zeigen, dass Kreativität und diverse psychische Störungen (u. a. bipolarer Art) überzufällig häufig vergesellschaftet sind (s. etwa Kyaga et al. 2013).

Leben und Werk

Als Sohn eines eher sensiblen Arztes und seiner dominanten Ehefrau im Mittleren Westen der USA geboren, zeigte Ernest Hemingway schon früh Züge, die man als »Imponiergehabe« bezeichnen würde: ausgeprägte Tendenz zur Selbstdarstellung (auch mithilfe starker Übertreibungen, um nicht zu sagen: Lügen), aggressives Draufgängertum, schon früh bedenkliches Interesse an Schusswaffen und nicht zuletzt eine erhebliche Neigung zu sexuellen Affären (erst seine vierte, 1946 geschlossene Ehe, hielt länger, nämlich bis zu seinem Selbstmord 1961) – was ihm insofern leicht gemacht wurde, als er mit seiner Größe von 1,85 m und muskulösem Körperbau als ausgesprochen attraktiv galt. Zum einen war er journalistisch tätig, nicht zuletzt als Kriegsberichterstatter: 1938 in Spanien, wo er Sympathisant der gegen Franco kämpfenden Republikaner war, dann 1944 während der amerikanischen Landung in der Normandie, in deren Rahmen er gleichzeitig kämpferisch aktiv wurde – zum anderen zunehmend als Schriftsteller (etwa *Fiesta*, *Schnee auf dem Kilimandscharo*, *Der alte Mann und das Meer*). Letztere Erzählung wurde nicht nur in wenigen Tagen über fünf Millionen Mal verkauft, sondern trug auch wesentlich dazu bei, dass Hemingway 1954 den Nobelpreis für Literatur erhielt. Finanziell bestens abgesichert, führte er ein bewegtes, abenteuerliches Leben mit diversen Wohnsitzen (Key West in Florida, Havanna, schließlich in einer einsamen Gegend in Idaho), verbrachte nicht wenig Zeit als Großwildjäger in Afrika, wo er kurz hintereinander mit dem Flugzeug zwei Abstürze erlitt;

der zweite führte zu schweren Verletzungen, welche seine ohnehin schon angeschlagene Gesundheit weiter schwächten.

Schon früh hatte Hemingway begonnen, unmäßig zu essen und immense Mengen an Alkohol zu konsumieren, was zu Bluthochdruck und in Verbindung mit einer vererbten Stoffwechselstörung zu einem schweren Leberleiden führte. Gerade einmal 55 Jahre alt, war er nicht mehr in der Lage, nach Stockholm zu reisen, um den Nobelpreis persönlich entgegenzunehmen. Auch verschlechterte sich sein psychischer Zustand auffällig: Die schon immer vorhandene Reizbarkeit hatte zugenommen, es traten Wahnvorstellungen auf, hinzu kamen immer stärkere depressive Verstimmungen und die Unfähigkeit zu schreiben. Wiederholt drohte er seinen Suizid an, konnte sogar mehrfach gerade noch an der Ausführung gehindert werden. Zweimal kurz nacheinander war er in der berühmten Mayo-Klinik in Behandlung, erhielt eine Elektrokrampftherapie, die nicht anschlug – und trotzdem entließ man ihn, eine heute unbegreifliche Entscheidung, die weiterhin ein Rätsel bleibt, da nach wie vor die Krankenakten nicht zugänglich sind (s. Dieguez 2010, S. 177). Wenige Tage nach der Heimkehr erschoss er sich. Bankl (2005), dem diese Darstellung weitgehend folgt, beschreibt die Szene so:

»Ernest Hemingway wurde im Hausflur liegend gefunden. Ein Gewehr befand sich zwischen seinen Beinen. Die Zimmerdecke war mit Blut- und Gewebsspritzern übersät. Zwei Patronen waren gleichzeitig abgefeuert worden, der Schuss hatte ihm die ganze Schädeldecke weggesprengt. Es war unmöglich festzustellen, ob er sich die Gewehrläufe in den Mund gesteckt oder an die Stirn gedrückt hatte.« (ebd., S. 281)

Krankengeschichte

Dass Hemingway erblich schwer belastet war, ist gut dokumentiert: Sowohl sein Vater als auch sein jüngerer Bruder erschossen sich, offiziell, weil sie an Diabetes litten und die

Amputation eines Beins fürchteten. Ob beide manisch-depressiv gestört waren, ist anhand der Datenlage schwer zu verifizieren – bezüglich des Vaters sprechen einige Beobachtungen dafür (Martin 2006). Daneben liegen weitere Fälle im Familienkreis vor: Auch Ernests Schwester Ursula suizidierte sich, ebenso seine Enkelin Margaux. Sein Sohn Gregory litt an einer Störung der Geschlechtsidentität und wurde zudem als bipolar gestört diagnostiziert.

Die allgemein Ernest Hemingway zugeschriebene Diagnose Bipolare Störung ist somit naheliegend, bedarf aber einiger Ergänzungen: Typischerweise manifestiert sich diese deutlich vor dem 30. Lebensjahr und beginnt oft mit einer depressiven Episode, wovon aber in der Biografie nichts zu finden ist. Auch voll ausgeprägte manische Zustände sind nicht dokumentiert, bestenfalls hypomanische, in denen Hemingway besonders reizbar war, andererseits in verwegener Weise abenteuerlustig und journalistisch bzw. schriftstellerisch höchst produktiv.

Die klinisch bedeutsame Störung, mit nun vorwiegend depressiven Phasen, setzte bei ihm etwa im sechsten Lebensjahrzehnt ein, als er durch seine ausschweifende Lebensweise und seinen Flugzeugunfall körperlich zunehmend geschwächt war. Möglicherweise hat auch die Einnahme des Blutsenkers Reserpin zu dieser Symptomatik beigetragen. Weiter dafür verantwortlich kann die Manifestation der Hämochromatose sein (einer autosomal-rezessiv vererbten Eisenresorptionsstörung, die wahrscheinlich bei Hemingway vorlag und zur ohnehin schon durch den Alkoholmissbrauch erworbenen Leberzirrhose beigetragen haben dürfte). Die in dieser Zeit wiederholt auftretenden Potenzstörungen und das Nachlassen kognitiver Fähigkeiten taten ihr Übriges, die depressive Symptomatik zu verschlimmern. Zu einer bipolaren Störung (mit psychotischen Anteilen) passen auch seine Wahnideen, die sich – wie bei Depressiven häufig – um Schuld und Verarmung drehten. Ob die zusätzlichen paranoiden Vorstellungen (Beschattet-Werden von FBI-Agenten) durch den Alkoholmissbrauch oder die Hämochromatose zu erklären sind, bleibt unklar.

Wenig strittig dürfte die folgende Zusammenfassung der Ergebnisse sein: Genetisch bedingt hatte Ernest Hemingway eine Veranlagung zu einer bipolaren Störung, die sich zunächst – wenn überhaupt – erst in Form einer Zyklothymie, später durch die genannten Einflüsse zum Vollbild des »manisch-depressiven Irreseins« entwickelte.

Nicht ganz ausschließen lässt sich bei dem gleichzeitigen Vorliegen schizophrener und affektiver Symptomatik eine schizoaffektive Störung. Dagegen spricht, dass – anders als bei van Gogh – bei Hemingway zum Schluss kaum mehr regelrechte Intervalle psychischer Normalität zu beobachten waren.

> **Die Literaten und der Freitod**
>
> Virginia Woolf und Ernest Hemingway waren keineswegs die einzigen literarisch Tätigen, die sich umbrachten. Obwohl natürlich statistisch schwer abzusichern, hat man den Eindruck, dass überzufällig viele Personen aus diesem Kreis ihrem Leben selbst ein Ende setzten – wie in Kapitel 4.6.1 erwähnt, besteht offenbar ein Zusammenhang zwischen Kreativität und der Neigung zu Stimmungsschwankungen. Hier sollen nur die bekanntesten Fälle erwähnt werden. Personen wie E. T. A. Hoffmann, Charles Baudelaire, Paul Verlaine, Arthur Rimbaud, Joseph Roth oder Oscar Wilde, die durch exzessiven Konsum von Alkohol oder Drogen sehenden Auges ihr Leben verkürzten, werden hier nicht weiter betrachtet, auch nicht jene, die – wie Lord Byron oder der sich duellierende Alexander Puschkin – bewusst riskante Abenteuer suchten und dabei den Tod fanden.
> *Heinrich von Kleist* (1777–1811) ist wohl der erste Dichter und Erzähler, dessen Selbstmord allgemeines Interesse weckte. Aus alter Familientradition eigentlich zur Militärlaufbahn bestimmt, wandte er sich bald der Literatur zu, verfasste einige – damals

wenig beachtete, heute jedoch häufiger aufgeführte – Tragödien (z.B. *Penthesilea, Käthchen von Heilbronn, Die Hermannsschlacht, Der Prinz von Homburg*) und Komödien (*Der zerbrochne Krug, Amphytrion*) sowie mehrere Erzählungen (als bekannteste wohl *Michael Kohlhaas*), zudem den Aufsatz *Über das Marionettentheater*. Daneben unternahm er ausgedehnte Reisen und lebte in diversen Städten. Allerdings kam er zunehmend in Geldnot, wurde krank – woran genau, lässt sich der Biografik nicht entnehmen. Schließlich ging er nach Berlin, gründete die Berliner Abendblätter, die ihm nur anfangs ein bescheidenes Einkommen einbrachten; zwar besserte sich seine gesellschaftliche Situation vorübergehend, aber Kleist trug sich offenbar bereits seit gewisser Zeit mit Suizidgedanken. Wie Erzherzog Rudolf hatte er zuvor schon anderen Frauen das Angebot eines Doppelselbstmords unterbreitet, aber erst eine Henriette Vogel (unheilbar an Krebs erkrankt) ging auf dieses ein. In einer der Kleist-Biografien sind die letzten Stunden so beschrieben: »Am 20. November fuhren sie in ein Gasthaus am Wannsee, speisten, wie berichtet wird, ›sehr vergnügt‹ zusammen, tranken Kaffee, schrieben darauf in ihren Zimmern Briefe und gingen anschließend zur Ruhe.« Am nächsten Tag, so geht der Bericht weiter, »bezahlten sie ihre Rechnung bei dem Wirt (...), aßen abermals und tranken Kaffee und gingen dann zusammen am Seeufer ungefähr 50 Schritte weit fort. Man hörte zwei Schüsse, und die hinzueilende Wärterin fand beide am Boden. Kleist hatte Henriette Vogel durch die linke Brust ins Herz geschossen, dann sich selbst durch den Mund in den Kopf. Beide waren gleich tot. Kleist war vierunddreißig Jahre alt, Henriette einunddreißig. Beide wurden an der Stelle des Mords und Selbstmords in ein Grab gelegt.« (Hohoff 1992, S. 166 f.)

Adalbert Stifter (1805–1868), dessen Romane und Erzählungen (z.B. *Wittiko, Aus der Mappe meines Urgroßvaters*) wenigstens bis vor einigen Jahrzehnten noch unvermeidlicher Bestandteil bildungsbürgerlicher Bücherregale waren, konnte zwar nach dem Besuch des Gymnasiums im berühmten Benediktinerkloster Kremsmünster Rechtswissenschaften studieren (nicht aus Neigung, sondern in der Hoffnung, mit einem juristischen Examen gute Chancen auf eine Laufbahn im Staatsdienst zu haben), versäumte es jedoch, zu einer unbedeutenden Nachholprüfung anzutreten, sodass er nach einem im Grunde erfolgreichen Studium ohne Abschluss dastand. Danach schlug er sich zunächst – wie so viele andere – als Hauslehrer durch, verkaufte zuweilen eines seiner Bilder. Denn Stifter war ein durchaus begabter Zeichner und Maler. Generell wird auf seine scharfe Beobachtungsgabe hingewiesen, die gerade seine Naturbeschreibungen so lesenswert machen.

Immerhin war er in seiner schriftstellerischen Tätigkeit durchaus erfolgreich und wurde auch zum Schulrat ernannt, was eine gewisse finanzielle Absicherung darstellte. Weniger glücklich war Stifters Privatleben: Seine große Liebe konnte er nicht ehelichen und heiratete alsbald eine eher einfache Frau, die sich zunehmend als lieblos und verschwenderisch erwies. Da die Ehe kinderlos blieb, nahm das Paar eine Nichte der Ehefrau auf, die sich als schwer erziehbar herausstellte, mehrfach verschwand und schließlich nach längerer Suche – unter ungeklärten Umständen – tot in der Donau aufgefunden wurde. Stifter ergab sich – um es etwas antiquiert auszudrücken – dem »Trunke« und litt mit 63 Jahren offenbar bereits an einer schweren (mit großer Sicherheit alkoholisch bedingten) Leberzirrhose; die oft zu lesende Diagnose »Leberkrebs« halte ich für unwahrscheinlich.

Wohl weniger aufgrund des hoffnungslosen Leidens, sondern eher in einem Zustand der Verwirrtheit (der im Endstadium von Lebererkrankungen häufigen »hepatischen Enzephalopathie«) brachte er sich mit einem Rasiermesser Schnittwunden am Hals bei, die aber kaum die unmittelbare Todesursache gewesen sein dürften, denn er starb erst einige Tage später. (Allein die Tatsache, dass ein Priester geholt wurde, welcher dem Todgeweihten die Sterbesakramente gab, spricht dafür, dass man nicht von einem willentlichem Versuch der Selbsttötung ausging.) Die in der Forschungsliteratur oft zu lesende Tatsache, dass Stifter Selbstmord beging, ist daher mit gewissen Fragezeichen zu versehen (dargestellt im Wesentlichen nach Roedl 1969).

Ebenfalls suizidierte sich der österreichische Lustspieldichter *Ferdinand Raimund* (1790–1836), der zwar nicht die diesbezügliche Berühmtheit des später geborenen J. Nestroy erreichte, dessen Werke (etwa: *Der Bauer als Millionär* oder *Der Alpenkönig und der Menschenfeind*) jedoch auch heute noch nicht selten gespielt werden. Offenbar an Depressionen leidend, hatte er schon lange eine panische (damals wohl nicht völlig unbegründete) Angst vor Tollwut entwickelt. Als er von seinem – übrigens nicht tollwütigen – Hund gebissen wurde, erschoss er sich auf dem Weg zu seinem Arzt.

Selbstmord vermutet man auch bei dem Lyriker *Georg Trakl* (1887–1914), der gleich zu Beginn des Ersten Weltkriegs, in dem er als Sanitäter diente, im Anschluss an die grausigen Eindrücke einer Schlacht tot aufgefunden wurde.

Stefan Zweig (1881–1942): Der aus einer wohlhabenden jüdischen Industriellenfamilie Wiens stammende Schriftsteller war lange nicht nur im deutschen Sprachraum äußerst bekannt, sondern genoss angesichts der häufigen Übersetzungen seiner Werke regelrechten Weltruhm. Berühmt wurde er zum einen als Erzähler (z. B. *Schachnovelle, Untergang eines Herzens, Unschuld des Herzens* [sein einziger vollendeter Roman]), zum anderen durch seine Biografien (etwa der von Erasmus von Rotterdam, Maria Stuart, Joseph Fouché) und geschichtlichen Darstellungen (*Sternstunden der Menschheit*). Letztere basieren nicht auf gründlichen Recherchen von Quellen, sondern auf meisterhafter Kompilierung von Sekundärliteratur, sodass auch weniger Gebildeten das jeweilige Thema eindrucksvoll nahegebracht wird. (Nie ganz verschwunden ist der Vorwurf der Trivialliteratur; tatsächlich ist schwer zu widerlegen, dass die hohen Auflagen und zahlreichen Übersetzungen nicht auch der Eingängigkeit der Texte geschuldet sind.). Trotz seines unzweifelhaften Erfolges und der materiellen Sicherheit wies Zweig auch zeitweise »schwermütige« Züge auf – in einem Brief aus dem Jahre 1925 heißt es: *»Meine depressiven Zustände haben keine reellen Gründe«* (zit. nach Müller 1996, S. 131) – und das Thema Freitod taucht ungewöhnlich häufig in seinen Schriften auf.

Dass ein liberaler, pazifistisch eingestellter und auch dem Kommunismus nicht ganz fernstehender Intellektueller – Zweig hatte mindestens einmal auf Einladung hin die UdSSR besucht und stand in enger Verbindung mit Maxim Gorki –, zumal jüdischer Abkunft, den Nationalsozialisten wenig gefallen würde, überrascht nicht; 1933 wurden auch seine Bücher dem Scheiterhaufen übergeben. Schon 1934 zog Zweig nach London und beantragte 1938, nach

dem Anschluss Österreichs, die britische Staatsbürgerschaft. Wenig später verließ er Europa, um sich in den USA und Südamerika aufzuhalten, zog schließlich nach Brasilien, wo er sich zusammen mit seiner Frau mittels Schlaftabletten das Leben nahm.
Warum sich Zweig, der finanziell wesentlich besser dastand als andere Emigranten, als einer von wenigen das Leben nahm, wurde nicht so ganz verstanden und ihm von einigen regelrecht verübelt. Möglicherweise stand auch die Einsicht dahinter, dass sein bedingungsloser Pazifismus, der ihn – anders als Thomas, Erika und Klaus Mann – auch davon abhielt, entschieden für eine Beteiligung der USA am Weltkrieg einzutreten, einer gewissen Weltfremdheit entsprach.
Übrigens hatte Zweig, bevor er zusammen mit seiner Frau Selbstmord beging, seinem brasilianischen Verleger den Wunsch einer diskreten Bestattung mitgeteilt; stattdessen erhielt er ein Staatsbegräbnis, und die Überreste der Ehegatten sind in Petropolis in einer Gruft neben der des Kaisers Pedro II. beigesetzt (Müller 1996, S. 7).

Klaus Mann (1906–1949): Der älteste Sohn des großen Thomas Mann, ein Jahr nach der ältesten Tochter Erika geboren (mit der er jahrelang zusammen berufliche und private Unternehmungen durchführte), war mit Sicherheit nicht unbegabt, brach aber die höhere Schulausbildung ab – wie übrigens sein berühmter Vater auch – und versuchte sich dann als Schriftsteller. Zwar konnte er letztlich davon nicht leben, war auf finanzielle Unterstützung angewiesen (nicht zuletzt vonseiten des Vaters), schrieb aber einige nicht unbedeutende Werke. Eher unbekannt ist der frühe Roman *Der fremde Tanz*, in dem der Autor sich zu seiner Homosexualität bekennt. Größeres Aufsehen erregte *Mephisto – Roman einer Karriere* (1936), dessen Hauptfigur Hendrik Höfgen unverkennbar Gustaf Gründgens nachgebildet ist, welcher Mitte der 1920er kurz mit Erika Mann verheiratet war und sich sehr bald glänzend mit dem NS-Regime zu arrangieren wusste. Bald nach der Machtergreifung war die gesamte Familie Mann emigriert, Klaus zog nach Amerika, fand dort, schon morphinsüchtig, gewissen Halt in seiner gegen Hitler gerichteten Aufklärungsarbeit. Er trat sogar der Armee bei und war bei der Landung 1944 in Italien beteiligt, wo er bei der psychologischen Kriegsführung eingesetzt wurde. Mit dem

Ende des Kampfes gegen Hitler, der Klaus Manns »ganze Lebensenergie gebündelt« hatte, entwickelte sich eine schwere Krise: Die bereits geschriebenen Bücher fanden keinen deutschen Verleger, Neues brachte er nicht mehr zustande. Er unternahm einen Selbstmordversuch, konnte aber gerade noch gerettet worden. Mindestens einen früheren Suizidversuch hatte es bereits gegeben, nämlich Anfang der 1940er-Jahre, als er eine Überdosis von Schlaftabletten nahm, jedoch noch rechtzeitig in seinem Hotelzimmer aufgefunden wurde.

Der nächste Versuch hingegen war erfolgreich: Von einem Klinikaufenthalt in Nizza gerade entlassen, schrieb er am 20. April 1949 einen letzten Brief an die Mutter und die Schwester, der »zukunftsfreudig« klang. Jedoch: »Am Abend dieses Tages nahm er eine Überdosis Schlaftabletten. Zu Mittag des nächsten Tages fand ihn die Hotelbesitzerin sorgfältig gekleidet und reglos auf seinem Bett liegend. Sie veranlasste die Einlieferung in die Clinique Lutetia, wo er am frühen Abend starb.« (Weissensteiner 2007, S. 183; nach diesem Autor auch die obige Darstellung)

Literatur

Álvarez MV (2005). Johanna die Wahnsinnige 1479–1555. Königin und Gefangene. München: Beck.

Bankl H (2005). Viele Wege führten in die Ewigkeit. Schicksal und Ende außergewöhnlicher Menschen. 3. Aufl. Wien: Wilhelm Maudrich.

Bankl H (1998). Die kranken Habsburger. Befunde und Befindlichkeiten einer Herrscherdynastie. Wien: Kremayr & Scheriau.

Bäzner H, Hennerici MG (2010). Syphilis in german-speaking composers – 'examination results are confidential'. In: Bogousslavsky J, Hennerici MG, Baezner H, Bassetti C (eds) (2010) Neurological disorders in famous artists – part 3. Frontiers of Neurology and Neuroscience; 27: 61–83.

Berisha V, Wang S, LaCross A, Liss J (2015). Tracking discourse complexity preceding Alzheimer's disease diagnosis: case study comparing the press conferences of Presidents Ronald Reagan and

George Herbert Walker Bush. Journal of Alzheimer's Disease; 45: 959–963.

Bernecker WL, Seidel CC, Hoser P (1997). Die spanischen Könige. München: Beck.

Bernstein E (1988). Ulrich von Hutten. Reinbek bei Hamburg: Rowohlt.

Blunt W (1970). Ludwig II. König von Bayern. 5. Auflage. München: Heyne.

Cox TM, Jack N, Lofthouse S, Watling J, Haines J, Warren MJ (2005). King George III and porphyria: an elemental hypothesis and investigation. Lancet; 366: 332–335.

de Mendelssohn P (1982). Nachbemerkungen zu Thomas Mann 1. Frankfurt a. M.: Fischer Taschenbuch Verlag.

Deussen P (1901). Erinnerungen an Friedrich Nietzsche. Leipzig: Brockhaus.

Dieguez S (2010). 'A man can be destroyed but not defeated': Ernest Hemingway's near-death experience and declining health. In: Bogousslavsky J, Hennerici MG, Baezner H, Bassetti C (eds) (2010). Neurological disorders in famous artists – part 3. Frontiers of Neurology and Neuroscience; 27: 174–206.

DSM-5. Diagnostisches und Statististisches Manual Psychischer Störungen DSM-5® (2015). American Psychiatric Association (Deutsche Ausgabe herausgegeben von P. Falkai & H. U. Wittchen). Göttingen: Hogrefe.

Eulenburg-Hertefeld P (2001). Das Ende König Ludwigs II. (hrsg. von K. v. See). Frankfurt a. M.: Insel.

Fins JJ (2015). The Reagan diaries reconsidered. Journal of Alzheimer's Disease; 48: 59–61.

Förstl H (2011). König Ludwig als Patient. Zeitschrift für Bayerische Landesgeschichte; 74: 331–346.

Franken FH (2006). Robert Schumann in der Irrenanstalt Endenich. Zum Verlaufsbericht seines behandelnden Arztes Dr. Franz Richarz. In: Robert-Schumann-Gesellschaft (Hrsg) Robert Schumann in Endenich (1854–1856): Krankenakten, Briefzeugnisse und zeitgenössische Berichte. Mainz: Schott, S. 442–447.

Franzen C (2008). Syphilis in composers and musicians – Mozart, Beethoven, Paganini, Schubert, Schumann, Smetana. European Journal of Microbiology & Infectious Diseases; 27: 1151–1157.

Frenzel I (2012). Friedrich Nietzsche. 6. Auflage. Reinbek bei Hamburg: Rowohlt.

Freund M (1966). Das Drama der 99 Tage. Krankheit und Tod Friedrichs III. Köln: Kiepenheuer und Witsch.

Friedländer HD (1919). Wilhelm II. Versuch einer psychologischen Analyse. Halle an der Saale: Marhold.

Fuld W (2003). Paganinis Fluch. Die Geschichte einer Legende. Reinbek bei Hamburg: Rowohlt.

Gal H (1966). In Dur und Moll. Briefe großer Komponisten von Orlando di Lasso bis Arnold Schönberg. Frankfurt a. M.: Fischer.

Girrbach W (Hrsg) (1986). Das Buch Ludwig. Vom Leben und Sterben des bayerischen Märchenkönigs Ludwig II. München: Heyne.

Gonther U, Schlimme JE (2010). Mit Hölderlin in die Psychiatrie. In: Gonther U, Schlimme JE (Hrsg) (2011). Hölderlin und die Psychiatrie. 2. Auflage. Bonn: Psychiatrie-Verlag, S. 13–15.

Gschwend G (2000). Pathogramm von Nietzsche aus neurologischer Sicht. Schweizerische Ärztezeitung; 81: 45–48.

Häfner H (2011). Ein König wird beseitigt. Ludwig II. von Bayern. München: Beck.

Hamann B (1995). Rudolf – Kronprinz und Rebell. 5. Auflage. München: Piper.

Hemelsoet D, Hemelsoet K, Devreese D (2008). The neurological illness of Friedrich Nietzsche. Acta Neurologica Belgica; 108: 9–16.

Hilmar E, Jestremski M (Hrsg) (1997). Schubert Lexikon. Graz: Akademische Druck- und Verlagsanstalt.

Hohoff C (1992). Kleist. 27. Auflage. Hamburg: Rowohlt Taschenbuch Verlag.

Honolka K (1978). Smetana. Reinbek bei Hamburg: Rowohlt.

ICD-10 (2015). Internationale Klassifikation psychischer Störungen. Kapitel 5 (F) 10. Auflage (hrsg. von H. Dilling, W. Mombour & M.H. Schmidt). Göttingen: Hogrefe.

Kijewski H, Beck J, Reus U (2012). Krankheit und Tod des Violin-Virtuosen Niccolò Paganini – Interpretation auf Basis neuerer Haaruntersuchungen. Archiv für Kriminologie; 229: 11–17.

Kleinschrod F (1919). Die Geisteskrankheit Wilhelms II.? Eine Erwiderung. Wörishofen: Karl Neuwihler.

Köhler T (2016). Affektive Störungen. Tübingen: dgvt-Verlag.

Köhler T (2017). Psychische Störungen. 3. Auflage. Stuttgart: Kohlhammer.

Kontnami K (2012). Manic depression in literature: the case of Virginia Woolf. Medical Humanities; 38: 7–14.

Kottler JA (2006). Divine madness. Ten stories of creative struggle. San Francisco: Wiley.

Kyaga S, Landén M, Boman H, Hultman CM, Långström N, Lichtenstreif P (2013). Mental illness, suicide, and creativity: 40 years total population study. Journal of Psychiatric Research; 47: 83–90.

Lange W (1909). Hölderlin. Eine Pathographie. Stuttgart: Enke.

Laskiewicz A (1964). Ludwig van Beethovens Tragödie vom audiologischen Standpunkt. Laryngologie, Otologie und ihre Grenzgebiete; 43: 261–270.

Ludewig R (2006). Wolfgang Amadeus Mozart (1756–1791): Genaue Todesursache bleibt unbekannt. Deutsches Ärzteblatt; 103: A172–176.

Lutz H (1919). Wilhelm II. periodisch geisteskrank. Leipzig: Hillmann.

Mann T (1976). Doktor Faustus. Das Leben des deutschen Tonsetzers Adrian Leverkühn, erzählt von einem Freunde. Frankfurt a. M.: Fischer Taschenbuch Verlag.

Mann T (1984). Die Entstehung des Doktor Faustus. Roman eines Romans. Frankfurt a. M.: Fischer Taschenbuch Verlag.

Martens G (2010). Friedrich Hölderlin. 5. Auflage. Reinbek bei Hamburg: Rowohlt.

Martin CD (2006). Ernest Hemingway: a psychological autopsy of a suicide. Psychiatry; 69: 351–361.

McGuigan DG (1991). Familie Habsburg. Bergisch-Gladbach: Lübbe.

Mikoletzky L (1990). Ferdinand I. von Österreich 1835–1848. In: Schindling A, Ziegler W (Hrsg). Die Kaiser der Neuzeit. Das Heilige Römische Reich. München: Beck, S. 329–339.

Müller H (1996). Stefan Zweig. 6. Auflage. Reinbek bei Hamburg: Rowohlt.

Obermeier S (Hrsg) (1986). Das geheime Tagebuch König Ludwigs II. von Bayern, 1869–1886. München: Nymphenburger.

Orr DW (2004). Virginia Woolfs's illnesses. Clemson: Clemson University Press.

Otte A, Wink K (2008). Kerners Krankheiten großer Musiker. Die Neubearbeitung. 6. Auflage. Stuttgart: Schattauer.

Peacock ZS, Klein KP, Mulliken JB, Kaban LB (2014). The Habsburg-jaw re-examined. American Journal of Medical Genetics, Section A: 2263–2269.

Peters UW (2009). Robert Schumann: 13 Tage bis Endenich. Köln: ANAPublishers.

Peters UW (2010). Gefangen im Irrenhaus: Robert Schumann: Köln: ANAPublishers.

Peters TJ, Wilkinson D (2010). King George and porphyria: a clinical re-examination of the historical evidence. History of Psychiatry; 21: 3–19.

Podach E (Hrsg) (1937). Der kranke Nietzsche. Briefe seiner Mutter an Franz Overbeck. Wien: Bermann-Fischer.

Robert-Schumann-Gesellschaft (Hrsg) (2006). Robert Schumann in Endenich (1854–1856): Krankenakten, Briefzeugnisse und zeitgenössische Berichte. Mainz: Schott.

Roedl U (1969). Stifter. Reinbek bei Hamburg: Rowohlt.

Röhl JC (2013). Wilhelm II. München: C.H. Beck.

Schad M (2003). Ludwig II. 4. Auflage. München: Deutscher Taschenbuch Verlag.

Schneider W (1996). Die Sieger. Wodurch Genies, Phantasten und Verbrecher berühmt geworden sind. München: Piper.

Schweiggert A (2016). Bayerns unglücklichster König. Otto I., der Bruder Ludwigs II. 2. Auflage. München: Verlag Sankt Michaelsbund.

Schweiggert A, Adami E (2014). Ludwig II. Die letzten Tage des Königs von Bayern. Stuttgart: München Verlag (Chr. Belser Gesellschaft für Verlagsgeschäfte).

Skubella U (1999). Die Krankheit Robert Schumanns: Eine anrüchige Diagnose? Deutsches Ärzteblatt; 96: A-2521–2522.

Tesdorpf P (1919). Die Krankheit Wilhelms II. München: Lehmanns.

Thatcher C (2008). A swim-on part in the goldfish bowl: a memoir. London: Headline Publishing Group.

Vasold M (2001). Philipp II. Reinbek bei Hamburg: Rowohlt.

Waldmann W (2006). Virginia Woolf. 12. Auflage. Reinbek bei Hamburg: Rowohlt.

Weissensteiner F (2007). Kinder der Genies. München: Piper.

Wilkes J (2000). Nietzsches Krankheit: Genie und Wahnsinn. Deutsches Ärzteblatt; 97: C-570.

Wöbking W (1986). Der Tod König Ludwigs II. Eine Dokumentation. Rosenheim: Rosenheimer Verlagshaus (Nachdruck ohne Jahresangabe).

Zenner HP (2002). Beethovens Taubheit: »Wie ein Verbannter muss ich leben.« Deutsches Ärzteblatt; 99: A-2762–2766.

Zerssen D v (2010). Der bayerische »Märchenkönig« Ludwig II. Seine letzten Jahre aus psychiatrischer Sicht. Nervenarzt; 81: 1368–1378.

Glossar

Alzheimer-Krankheit

Eher schleichend beginnende, meist nach dem 70. Lebensjahr einsetzende und oft über Jahrzehnte verlaufende Demenzform. Sie beginnt typischerweise mit kognitiven Störungen, insbesondere im Gedächtnisbereich. Charakteristisch sind neuropathologische Veränderungen speziell im Temporallappen, nämlich die innerhalb der Neuronen gelegenen Alzheimer-Fibrillen sowie die zwischen den Nervenzellen gelegenen senilen Plaques (Amyloid-Plaques). Letztere sind nicht – wie lange gedacht – lediglich ein Abfallprodukt des Neuronenuntergangs, sondern stellen umgekehrt eher deren Ursache dar. Warum es zur Bildung dieser »toxischen« Plaques kommt, steht noch in Diskussion (s. dazu Köhler 2017 und die dort angeführten Quellen).

Argyll Robertson-Phänomen

Weitgehend spezifisch für die Spätstadien der Syphilis angesehenes Symptom der »reflektorischen Pupillenstarre«, bei der die Verengung auf Licht bei der beleuchteten Pupille ausbleibt, die andere sich jedoch normal verengt; die Pupillen sind bei einigen Patienten eng, bei anderen weit, oft »entrundet«.

Bipolare Störung

Bei diesem Störungsbild treten sowohl depressive als auch manische bzw. hypomanische Episoden auf, zuweilen in rascher Folge. Meist liegen zwischen den Phasen mehr oder weniger lange symptomfreie Intervalle; im Fall der »switchers« kann jedoch eine Episode unmittelbar in die mit gegenteiliger Symptomatik umschlagen. Mittlerweile hat es sich bewährt, eine Bipolar-I-Störung mit voll ausgeprägten manischen Episoden von einer Bipolar-II-Störung zu unterscheiden, in der lediglich hypomanische Phasen auftreten. In den letzteren zeigen die Betroffenen nie eine psychotische Symptomatik im Sinne von Wahn und Halluzinationen und sind häufig auffällig produktiv.

ICD-10

In der International Classification of Diseases (mittlerweile in 10. Auflage vorliegend und in zahlreiche Sprachen übersetzt) werden in 22 Kapiteln sämtliche bekannten Krankheiten beschrieben, ihnen Codenummern zugeordnet und Diagnosekriterien angegeben. Kapitel V (F) – im Text etwas ungenau als ICD-10 zitiert – listet die psychischen und Verhaltensstörungen auf.

Schizophrenie (Kriterien nach ICD-10)

In Kapitel V von ICD-10 (dem in Deutschland gebräuchlichsten diagnostischen Manual) sind neun Symptome bzw. Symptomgruppen als Kriterien aufgeführt. Trifft eine der ersten vier Symptombeschreibungen klar zu, kann bereits diese Diagnose gestellt werden; ist dies weniger eindeutig, sollte ein weiteres Kriterium zutreffen. Sind alternativ zwei der Kriterien 5 bis 8 erfüllt, ist die Diagnose ebenfalls gerechtfertigt.

Die vier Kriterien, bei denen das Zutreffen eines einzigen schon die Diagnose Schizophrenie rechtfertigt, sind verkürzt dargestellt: 1. das Gefühl, in den eigenen Gedanken beeinflusst oder kontrolliert zu sein (z.B. Gedankeneingebung, Gedankenausbreitung); 2. Wahnvorstellungen und Wahnwahrnehmungen, die Kontrolle und Beeinflussung zum Inhalt haben; 3. Hören von Stimmen, die sich über den Patienten unterhalten; 4. wahnhafter Glaube an übermenschliche eigene Fähigkeiten oder der Wahn, eine »religiöse oder politische Persönlichkeit« zu sein.

Ebenso genügt es zur Diagnose, wenn zwei der vier folgenden, hier ebenfalls stark vereinfachten Kriterien erfüllt sind: 5. anhaltende Halluzinationen (gleichgültig welcher Sinnesmodalität), die gewisse Beziehung zu Wahngedanken oder überwertigen Ideen haben; 6. formale Denkstörungen (Zerfahrenheit, Gedankenabreissen); 7. katatone Symptomatik, z. B. Stupor oder katatone Erregung; und 8. Negativsymptome im Bereich des Affekts und des Antriebs mit sozialem Rückzug und »verminderter sozialer Leistungsfähigkeit« (für die ausführliche Formulierung sowie zu diversen Ausschlussbedingungen s. ICD-10, S. 127).

Schizophrenie (Unterformen nach ICD-10)

Die paranoide Schizophrenie ist die häufigste und durch Wahnerleben sowie zumeist akustische Halluzinationen (typischerweise Stimmen) gekennzeichnet, während formale Denkstörungen, Katatonie und Negativsymptome (Affektverflachung, Antriebsstörungen) deutlich zurücktreten. Bei der hebephrenen (typischerweise schon frühzeitig einsetzenden) Unterform der Schizophrenie (Hebephrenie) stehen die affektiven Veränderungen im Vordergrund, etwa in Form flacher und inadäquater Stimmung, »oft begleitet von Kichern oder selbstzufriedenem, selbstversunkenem Lächeln«. Der Verlust von Antrieb und Zielstrebigkeit sowie Zerfahrenheit des Denkens kommen hinzu, Halluzinationen und Wahnvorstellungen sind flüchtig und bruchstückhaft. Die Diagnose einer katatonen Schizophrenie wird gestellt, wenn ausgeprägte psychomotorische Symptome, etwa Stupor, Haltungsstereotypien oder katatone Erregung zu beobachten sind. Undifferenzierte Schizophrenie soll dann diagnostiziert werden, wenn die Kriterien für Schizophrenie erfüllt sind, jedoch eine eindeutige Zuordnung zu einer der genannten Unterformen nicht gelingt. Das Bild der Schizophrenia simplex ähnelt dem schizophrenen Residualzustand, unterscheidet sich davon aber insofern, als nie vorher andere psychotische Symptome aufgetreten waren, jedoch eine »eindeutige und durchgängige

Veränderung bestimmter umfassender Aspekte des Verhaltens der betreffenden Person« vorhanden ist, die »sich in Ziellosigkeit, Trägheit, einer in sich selbst verlorenen Haltung und sozialem Rückzug manifestiert«.

Syphilis (Behandlung)

Die Behandlung der Lues bestand bis Ende des 19. Jahrhunderts in der Anwendung von Quecksilbertinkturen, die allerdings nebenwirkungsreich waren und nur gegen Lues I und II Wirksamkeit zeigten. Erst zu Beginn des 20. Jahrhunderts gab es effizientere Therapien, von denen aber die in diesem Buch beschriebenen Personen nicht mehr profitieren konnten. 1910 führte Paul Ehrlich Salvarsan zur inneren Behandlung ein – wobei auf Quecksilber, äußerlich appliziert, weiter nicht verzichtet werden konnte. Etwa zehn Jahre später ersetzte man dieses durch das weniger giftige Bismut, sodass die Kombination von Salvarsan mit Bismut die zumindest für die frühen Stadien (inkl. Lues III) effizienteste Therapie blieb; insbesondere konnte die Ansteckungsgefahr so erheblich vermindert werden. Wenig richtete man gegen die quartäre Lues aus, gegen welche erst mit der von Wagner v. Jauregg 1917 einführten Malaria-Therapie eine wirkungsvolle Behandlung vorlag; sie beruhte auf der Beobachtung, dass bei hohen Körpertemperaturen, wie durch künstliche Malariainduktion erzeugt, die Spirochäten abgetötet wurden.

Alle diese Therapien wurden mehr oder weniger hinfällig, als man in den 1940er-Jahren entdeckte, dass Penicillin nicht nur die ersten Stadien der Lues rasch zum Abheilen bringt, sondern auch die quartären Formen (Tabes dorsalis und progressive Paralyse) in der Regel wirksam bekämpft. Die dramatischen Krankheitsbilder der beschriebenen Personen wären – hätten sie später gelebt – nicht aufgetreten.

Sachverzeichnis

A

Affektive Störungen 145 ff.
Alzheimer
  (Alzheimer-Krankheit;
  Demenz vom Alzheimer-
  Typus) 18 ff., 76, 193
Argyll Robertson-Phänomen
  33, 44, 60, 63, 193

B

Baudelaire, Ch. 64 f., 183
bipolare Störung 144, 145 ff.,
  193 f.
Beethoven, L. van 33, 45, 65,
  68 ff.
Brahms, J. 42 ff.

D

Daudet, A. 64
Demenz(en) 5 f., 17 ff.
– vom Alzheimer-Typus
  18 ff.
– bei Creutzfeldt-Jakob-
  Krankheit 22 (Fußnote), 24
– frontotemporale 18, 21,
  24 f.
– HIV-D. (AIDS-D.) 22
  (Fußnote)
– bei Huntington-Krankheit
  22 (Fußnote), 44
– bei Lues, s. progressive
  Paralyse
– bei Parkinson-Krankheit
  22, 24
– bei Pick-Krankheit 21
– bei Syphilis, s. progressive
  Paralyse
– vaskuläre 21, 25 f.
Depression 87, 94, 145 ff.
Doktor Faustus 61 f.
Don Carlos (Infant von
  Spanien) 16, 92
Donizetti, G. 62 f.

E

Elisabeth (Kaiserin von
  Österreich) 109, 152
Eulenburg-Hertefeld, Ph. 120,
  122, 132

F

Ferdinand I. (Kaiser von Öster-
  reich) 5, 10, 11 ff., 116
Flaubert, G. 64 f.
Franz II. (Kaiser des Heiligen
  Römischen Reiches,
  ab 1806 als Franz I. Kaiser
  von Österreich) 5, 12, 16
Franz Joseph I. (Kaiser von
  Österreich) 5, 12, 151 f.
Friedrich Wilhelm IV.
  (König von Preußen) 11

G

Gauguin, P. 64, 142 f.
Geistesschwäche (Intelligenzminderung) 5 ff.
George III. (König von Groß-
  britannien) 37 ff., 169
Gonorrhoe („Tripper") 31,
  59, 156, 160

Grabbe, D. 33
Gudden, B. v. 101, 116, 118 ff.

H

Habsburger 5, 16 f., 94, 151 ff.
Habsburger Unterlippe 16
Heine, H. 33
Hemingway, E. 145, 179 ff.
Hoffmann, E.T.A. 33, 183
Hölderlin, F. 94 ff.
Hutten, U. v. 66
Hypomanie 147 ff.

I

ICD-10 (International Classification of Diseases) 194
Intelligenzminderung, s. Geistesschwäche
Inzucht 5, 10
Isabella von Kastilien 88 ff.
Isabella von Portugal 94

J

Johanna die Wahnsinnige (Juana la loca) 88 ff.

K

Karl II. (König von Spanien) 17
Kleist, H. v. 183 f.

L

Ludwig I. (König von Bayern) 109, 113
Ludwig II. (König von Bayern) 99 f., 105 ff., 146
Ludwig III. (König von Bayern) 100, 102, 105 ff.
Lues 31 ff., 103, 196, s. auch Syphilis
Lues connata 17, 31
Lues I 32, 50, 52, 59, 105, 196
Lues II 32, 39, 50, 59, 196
Lues III 32 f., 39, 59, 196
Lues IV (Metalues) 33 ff., 60, 196, s. auch progressive Paralyse, Tabes dorsalis
Luitpold (Prinzregent) 100, 102, 106 f., 110, 116, 118 ff.

M

Makart, H. 33
Manet, E. 33
Manie 87, 145 ff.
manisch-depressive Erkrankung, s. bipolare Störung
Mann, K. 187 f.
Mann, Th. 53, 57 f., 61 f., 187 f.
Maupassant, G. de 63 f.
Max II. (König von Bayern) 107 f.
Metalues, s. progressive Paralyse u. Tabes dorsalis
Mozart, W.A. 66 ff.

N

Nietzsche, F. 5, 52 ff., 98, 105

O

Otto (König von Bayern) 99 ff., 107, 116, 118, 125

P

Paganini, N. 70 ff.
paralytischer Zusammenbruch 34, 44, 56, 105
Peter II. (russischer Zar) 11
Philipp II. (König von Spanien) 16, 92
Philipp V. (König von Spanien) 17
Porphyrie 29 ff. , 169
progressive Paralyse 5, 31 ff., 98, 103 f., 125
psychotische Symptome (Psychose) 29 f., 73 ff., 146, 177 ff.

Q

Quecksilberbehandlung (d. Syphilis) 35, 39 f., 101, 196

R

Raimund, F. 185 f.
Reagan, R. 23 ff.
Rudolf (Kronprinz von Österreich) 151 ff., 184

S

schizoaffektive Störung 87 f., 94, 144, 148, 176 ff.
Schizophrenie 73 ff., 176 f., 194 ff.
Schizophreniespektrumstörungen 86 f., 146
Schizotypie (schizotype Störung) 85 ff., 94, 138 f.
Schubert, F. 35, 36 ff., 41
Schumann, R. 5, 40 ff. 98, 105
Schwachsinn, s. Geistesschwäche
Sisi (Sissi, Sissy), s. Elisabeth (Kaiserin von Österreich)
Smetana, F. 5, 38, 43, 45 ff., 98, 105
Stifter, A. 184 f.
Syphilis 31 ff., 103, 156, 196

T

Tabes dorsalis 33, 64
Thatcher, M. 6, 25 f.
Toulouse-Lautrec, H. 64
Trakl. G. 186
Typhus abdominalis 37 ff.

U

Ulcus durum 32, 34

V

van Gogh, V. 141 ff., 148, 179
Vetsera, M. 153, 157 ff.
Vogel, H. 184

W

Wagner, R. 42, 55, 107 f.
Wieck, C. 42 ff.
Wilhelm II. (Deutscher Kaiser) 152, 155, 161 ff.
Wolf, H. 61
Woolf, V. 148, 170 ff.

Z

Zweig, S. 186 f.
Zyklothymie (Zyklothymia, zyklothyme Störung) 148 f. 169, 176

Leseprobe

aus dem Wissen & Leben-Band
„Früher war alles später" von Manfred Spitzer

13 Wer Bücher liest, lebt länger

Wer liest, tut dies meist nicht im Stehen, Gehen oder Laufen. Er sitzt vielmehr oder liegt gar auf der Couch oder im Bett. Weil aber körperliche Aktivität bekanntermaßen gesund und entsprechend Faulheit ungesund ist, liegt der Schluss nahe, dass uns jedes Buch nicht nur die Lebenszeit nimmt, die wir brauchen, um es zu lesen (in dieser Zeit könnten wir schließlich die tollsten Sachen erleben; stattdessen dekodieren wir – freiwillig – stundenlang schwarz-weiße Zeichen). Nein, wir verlieren noch zusätzliche Zeit, weil wir aufgrund des mangelnden körperlichen Trainings früher sterben. Zudem ist das Lesen eine Aktivität, die man zumeist allein ausführt. Da Einsamkeit einen klaren Risikofaktor für erhöhte Mortalität darstellt (▸Kap. 17), ergibt sich auch aus dieser Sicht, dass das Lesen sich eher ungünstig auf unsere Lebenserwartung auswirken sollte.

Falls Sie ein Bücherwurm sind, möchte ich Sie bereits an dieser Stelle beruhigen (zugleich hoffend, dass Sie dennoch weiterlesen): Dem ist nicht so. Ganz im Gegenteil: Wie eine kürzlich von Spezialisten für Epidemiologie und Public Health an der renommierten US-amerikanischen Yale University publizierte Studie zeigt, hat das Lesen von Büchern ganz offensichtlich lebensverlängernde Eigenschaften.

Die Datenlage hierzu war bislang spärlich und vor allem unklar, gab es doch Studien, die keinen lebensverlängernden Effekt des Lesens zeigten (4, 5) sowie andere, die auf einen solchen hinwiesen.

Die (nach Angaben der Autoren) erste Untersuchung dieser Art wurde von israelischen Wissenschaftlern an einer Kohorte von 70-Jährigen aus der im Jahr 1990 initiierten Jerusalem Longitudinal Study durchgeführt (3). Von den zunächst eingeschlossenen 461 Teilnehmern wurden 13 Analphabeten, 30 Personen mit starker Beeinträchtigung des Sehens, 17 Personen mit Hinweisen auf eine beginnende Demenz (Mini Mental State Examination, MMSE, unter 25) sowie 58 Personen, bei denen der MMSE nicht vollständig durchgeführt werden konnte, ausgeschlossen. Die verbleibenden 337 Personen wurden für acht Jahre im Hinblick auf ihre Mortalität beobachtet. Es handelte sich um eine körperlich und geistig recht gesunde Gruppe von zumeist Einwanderern (16 % waren im Land geboren) aus 40 Ländern mit einer durchschnittlichen bereits in Jerusalem verbrachten Zeit von 29 Jahren. Die meisten lebten eigenständig zuhause (nur 2 % in einem Heim). Da man ja weiß, dass Frauen länger leben als Männer, Gebildete länger als Ungebildete, Reiche länger als Arme und verheiratete Männer länger als unverheiratete, wurden diese Variablen zusätzlich erfasst und in die Analyse mit einbezogen. Erfasst wurden daneben noch die sportlichen Aktivitäten, Arbeit (freiwillig oder bezahlt), wie oft man das Haus verlässt und wie oft man einen Gottesdienst besucht. Schließlich wurde auch die Gesundheit über verschiedene Variablen gemessen.

„Wie oft lesen Sie ein Buch – täglich; mindestens einmal pro Woche; Monat; Jahr; nie?" wurden alle Teilnehmer zusätzlich gefragt. Weil sich bei den Antworten (▸ Tab. 13-1) eine starke „Leselastigkeit" zeigte – 62 % der 70-Jährigen und 68 % der 78-Jährigen lasen täglich – wurde die Variable dichotomisiert in „täglich lesen" und „nicht täglich lesen".

Wie sich das Lesen von Büchern auf die Mortalität auswirkt, zeigt ▸ Abbildung 13-1. Warum ist das so? – Zum einen gibt es eine ganze Reihe von Hinweisen dafür, dass für das Gehirn das Gleiche gilt wie für die Muskulatur: „Use it or lose it" heißt das Motto, also gebrauchen oder verlieren. Dass sich Lesen positiv auf die kognitiven Fähigkeiten im Alter auswirkt, war schon länger bekannt (8, 9; für das Fernsehen wurde übrigens der gegenteilige Effekt gefunden).

Dass sich das Lesen von Büchern jedoch auf die Sterbewahrscheinlichkeit von Männern in der gefundenen Stärke – Reduktion auf 44 % verglichen mit denjenigen, die nicht täglich Bücher lesen – auswirkt, war vor acht Jahren neu! Dabei war zum Zeitpunkt des Beginns der Studie das tägliche Lesen mit weiblichem Geschlecht (aber bei Frauen bringt es keine höhere Lebenserwartung!), höherem sozioökonomischen Status und Bildungsniveau, der Abstammung aus westlichen Ländern, mehr Arbeit und weniger Medikamenteneinnahme korreliert. Die Effekte der genannten Variablen gingen nicht in die Reduktion auf 44 % ein, weil man sie herausrechnen konnte. Der Effekt gilt, noch einmal, auch nur für die Männer. Am Bildungsniveau und am Geld (beides hatte einen Einfluss, der aber herausgerechnet wurde) liegt es nicht.

Auch die Vermutung, wer täglich lese, rede mehr über das Gelesene, sei vielleicht Mitglied in einem Buchclub

Tab. 13-1 Prozentuale Verteilung der Antworten von 337 70-Jährigen auf die Frage „wie oft lesen Sie ein Buch?", getrennt nach Männern und Frauen (nach Daten aus 3)

Wie oft lesen Sie ein Buch?	Männer (%)	Frauen (%)
täglich	59	66
wöchentlich	13	14
monatlich bis jährlich	11	12
nie	10	15

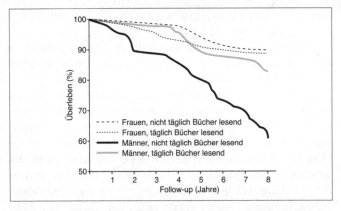

Abb. 13-1 Kaplan-Meier-Überlebenskurve über 8 Jahre, getrennt nach Männern und Frauen und den Lesegewohnheiten (täglich lesen versus nicht täglich lesen; nach 3, Figure 1, S. 77). Bei den Frauen hat das Lesen keinen Effekt, bei den Männern führt es zu einer hoch signifikanten (p = 0,0006) Erhöhung der Überlebenswahrscheinlichkeit.

oder lese seinen Enkelkindern häufiger vor – also eine Erklärung des Effekts über Sozialkontakte (▸ Kap. 17) – ist eher unwahrscheinlich. Denn auch für denjenigen, der nur wöchentlich liest, könnte dies gleichermaßen zutreffen. Die wesentliche Unterscheidung war aber gerade das *tägliche* Lesen.

Vielleicht haben Männer, die bekanntermaßen ja sprachlich weniger begabt sind als Frauen, genau deswegen mehr kognitives Training, wenn sie sich sprachlich betätigen. Weil es anstrengender ist, hat das Lesen für sie einen größeren Trainingseffekt. Man könnte hier weitere Vermutungen anstellen, aber ich möchte es bei der Feststellung der Autoren belassen: „Der Mechanismus, durch den Lesen Überlebensvorteile verleiht, ist unbekannt und das Untersuchungsergebnis, dass dieser Effekt auf Männer beschränkt ist, gibt Rätsel auf" (3, S. S78, Übersetzung durch den Autor).

Eine weitere Studie aus dem Jahr 2008 zeigte ebenfalls einen positiven Effekt des Lesens auf die Mortalität, allerdings nur bei Frauen (1).

Die bislang größte und zugleich aufschlussreichste Studie zu den Auswirkungen des Lesens von Büchern auf die Sterblichkeit erschien im Sommer 2016 und bezog sich auf eine Kohorte von 3635 Personen (62 % Frauen) aus der Health and Retirement Study, einer großen vom US-amerikanischen National Institute of Aging durchgeführten Studie (2). Während des im Durchschnitt neuneinhalbjährigen Beobachtungszeitraums verstarben 27,4 % der Personen. Einfache statistische Verfahren zeigten, dass die Leser von Büchern eher weiblich, gebildeter und wohlhabender waren (jeweils $p < 0{,}001$). Daher wurden diese Variablen neben Alter, ethnischer Zugehörigkeit, Gesundheitszustand, Familienstand und Job-Status als Kovariablen in der Auswertung mitberücksichtigt.

Die Lesegewohnheiten waren zu Beginn der Studie im Jahr 2001 wie folgt erfragt worden: „Wie viele Stunden verbrachten Sie letzte Woche mit dem Lesen von Büchern?" sowie „Wie viele Stunden verbrachten Sie letzte Woche mit dem Lesen von Zeitungen und Zeitschriften?" Wie auch schon in früheren Studien wurden alle Personen nach der mit dem Lesen verbrachten Zeit (zweimal, d.h. getrennt nach Büchern und Zeitungen/Zeitschriften) in drei gleich große Gruppen eingeteilt: Im Hinblick auf Bücher betrug die in der letzten Woche damit verbrachte Zeit im untersten Drittel 0 Stunden, im mittleren Drittel 0,01 bis 3,49 Stunden und im oberen Drittel mehr als 3,5 Stunden. Bei den Zeitschriften waren es 0–2 Stunden (unteres Drittel), 2,01–6,99 Stunden (mittleres Drittel) und mehr als 7 Stunden (oberes Drittel). Das Lesen von Büchern war mit dem Lesen von Periodika nur schwach ($r = 0{,}23$) korreliert, und 38 % der Gesamtgruppe (entsprechend 1 390 Personen) lasen nur Bücher oder nur Zeitungen bzw. Zeitschriften.

Im Jahr 2004 wurde zudem ein – wenn auch grobes – Maß der geistigen Leistungsfähigkeit (cognitive score) erhoben, indem 8 Items („immediate recall, delayed recall, serial 7s, backwards count from 20, object naming, President naming, Vice President naming, and date naming"; 2, S. 46) zu einem einzigen Wert aggregiert wurden.

Verglich man die Überlebensrate der Personen im zweiten und dritten Drittel mit der Überlebensrate der Personen im ersten Drittel der Bücherleser – sprich: Das Lesen von Büchern versus das Nichtlesen von Büchern – so ergab sich ein deutlicher Unterschied. 33 % der Nichtleser von Büchern waren verstorben im Vergleich zu lediglich 27 % der Leser.

Die durch das Lesen von Büchern auf 77 % verminderte „Hazard Ratio" (HR: 0,77), d. h. Sterbewahrscheinlichkeit im Vergleich zu Nichtlesern war mit $p < 0,0001$ hoch signifikant, obgleich man bei dieser Statistik alle Kovariablen im Modell berücksichtigt hatte! Im Hinblick auf Zeitungen und Zeitschriften ergab sich bei gleicher Auswertung nur ein kleiner Effekt der Verminderung der Sterbewahrscheinlichkeit auf 89 % (HR: 0,89). Auch ein direkter statistischer Vergleich der Verminderung der Sterbewahrscheinlichkeiten durch das Lesen von Büchern versus das Lesen von Zeitschriften zeigte einen signifikant überlegenen Effekt des Lesens von Büchern.

Im Gegensatz zur Studie von Jacobs und Mitarbeitern gab es keinen Unterschied zwischen Männern und Frauen: Der lebensverlängernde Effekt war bei beiden Geschlechtern nahezu identisch (HR-Männer: 0,81; HR-Frauen: 0,80).

Weitere Analysen zeigten, dass der Effekt robust war und bei unterschiedlichen Auswertestrategien immer wieder auftrat. Er war zudem nicht bedingt durch ein höheres kognitives Ausgangsniveau (im Jahr 2000 erhoben) in der Gruppe der Bücher-Lesenden. Eine Mediationsanalyse zeigte, dass der Effekt des Bücherlesens auf das Überleben durch dessen Einwirkung auf das Denkvermögen bedingt ist, wenn auch mir persönlich diese Art der Argumentation etwas zu weit geht. Denn das Lesen von (guten) Büchern hat durchaus auch positive emotionale und soziale Auswirkungen (7), die über die rein kognitiven Effekte (6) hinausgehen.

Die Abweichungen zu anderen Studien sind nach Meinung der Autoren vor allem methodisch bedingt: Ihre Grundgesamtheit ist etwa 10-fach größer als die anderer Studien und das Lesen wurde deutlich differenzierter erfasst – qualitativ (was wurde gelesen?) und quantitativ (wie lange genau wurde gelesen?). Der Effekt war zudem nicht durch Bildung oder Wohlstand zu erklären, was die Robustheit der Ergebnisse unterstreicht.

Die Autoren geben zu bedenken, dass bereits ein Wechsel von Zeitungen und Zeitschriften (die mehr gelesen werden und einen deutlich kleineren Effekt haben) zu Büchern den Tod der Menschen hinausschieben könnte, ganz zu schweigen vom Wechsel vom Fernsehen zu Büchern, da das Fernsehen mit 4,4 Stunden täglich (nach Angaben der zuständigen US-Behörden aus dem Jahr 2014) in der untersuchten Altersgruppe nahezu um eine Größenordnung mehr zur Freizeitgestaltung verwendet wird als Bücher. Das wäre dann tatsächlich ein kleines Wunder im Hinblick auf die Lebenserwartung der großen Mehrheit der Menschen in den westlichen „zivilisierten" Ländern!

Die Literatur zu diesem Beitrag finden Sie im Spitzer, Früher war alles später, Schattauer 2017, S. 185.